Stefan Dornbach

Berufsausbildung in Brasilien

Der Autor

Dr. Stefan Dornbach ist Experte für Berufsausbildung in Brasilien und Deutschland. Er wurde
1973 in Rathenow geboren. Außerdem ist von diesem Autor erhältlich: "Zeitmanagement in der beruflichen Bildung". Dornbach arbeitet für freie Trä-
ger der Sozialpädagogik in Berlin.

Die Deutsche Nationalbibliothek verzeichnet diese Publikation in der Deutschen Nationalbibliografie; detaillierte bibliografische Daten sind im Internet abrufbar über http://dnb.d-nb.de.

Herstellung und Verlag:
BoD – Books on Demand, Norderstedt
ISBN 978-3-8391-1634-0

© Ribeiro do Espinho Fachmedien Berlin
1. Auflage 2016

Inhalt

I. Eindrücke

Zum Anfang des Jahres 1999 schaltete das brasilianische Bildungsministerium MEC in den - durchweg privatwirtschaftlich organisierten - brasilianischen Fernsehsendern einen Werbespot für dessen Alphabetisierungskampagnen. Eine etwa vierzigjährige schwarze Frau erzählte, wie sie in ihrer Kindheit keine Möglichkeit bekommen hatte, lesen und schreiben zu lernen. Durch vom MEC eingeführte Abend- Fernkurse hatte sie sich alphabetisiert, ihren Schulabschluss nachgeholt und befand sich jetzt im "segundo grau", der mit dem deutschen Abitur vergleichbar ist. Auch die Zukunftspläne wurden angesprochen, eine Ausbildung wollte die früher benachteiligte Frau absolvieren. In der Krankenpflege wollte sie sich bewerben, aber nicht - wie sie stolz betonte - in einem "curso técnico", was etwa einer deutschen Berufsausbildung entspräche - sondern an der Universität!

Auch wenn man sich daran gewöhnt hat, dass die Ministerien der Regierung Fernando Henrique Cardoso regelmäßig und auch außerhalb des Wahlkampfes solche Werbesendungen für ihre Regierungspolitik ausstrahlen lassen, bleibt die geschilderte Szene für jemanden, der im deutschen Kulturkreis mit seiner hohen gesellschaftlichen Bewertung der Berufsausbildung aufgewachsen ist, verwunderlich. Offensichtlich hat die gewerbliche Berufsausbildung in Brasilien einen viel geringeren Stellenwert als in Deutschland. Dass das bei einer benachteiligten Frau so ist, die aus dem informellen Arbeitsleben aussteigen will und jetzt nach dem höchsten Bildungsabschluss strebt, den sie erreichen kann, läßt sich leicht erklären. Aber offensichtlich existiert eine Geringschätzung der außeruniversitären Ausbildung auch bei den politisch Verantwortlichen, die die beschriebene Szene zur Werbung für ihr Wirken ausgesucht haben, während Unternehmer lauthals Reform und Ausbau der Berufsausbildung einklagen und die großen Unternehmen einen Großteil ihrer Belegschaft intern ausbilden.

Auch bei den Intellektuellen läßt sich diese Tendenz beobachten. Dozenten und Studenten brasilianischer Universitäten zeigten in Gesprächen oft Unverständnis für die Wahl der Ausbildung außerhalb der Universität als Arbeitsthema und warum "die Deutschen" diesem Bereich solch große Aufmerksamkeit widmen. Auch eine in Deutschland unvorstellbare Unkenntnis über die bestehenden Strukturen der Berufsausbildung läßt sich feststellen. Ebenso auf Unverständnis und oft auch Unwillen stoßen deshalb Versuche, das Duale System der Berufsausbildung einfach auf Brasilien zu übertragen, wie es von deutschen Entwicklungsorganisationen, Handelskammern und auch Unternehmen oft versucht wurde.[1]

Dementsprechend prekär stellt sich die Literaturlage in diesem Bereich dar. Meist handelt es sich um schematische Darstellungen der vorhandenen Institutionen und deren Entstehung anhand von Gesetzgebungsverfahren. Diese Institutionenbildung kann und soll hier nicht detailliert beschrieben werden. Eine solche Darstellung existiert in Suckow

11

da Fonsecas Studie über die brasilianische Berufsausbildung, die allein bereits drei Bände füllt. Zu kurz kommt hier allerdings die Analyse der Hintergründe der Ausformung des brasilianischen Berufsbildungssystems, die so aus deutscher Sicht unverständlich bleiben muss. In dieser Arbeit sollen deshalb die sozialen Voraussetzungen und politischen Konzepte im Vordergrund stehen, die die brasilianische Berufsausbildung beeinflußten und prägten.[2]

II. Vorgehen

Berufsausbildung steht immer im Zwiespalt zwischen Ansprüchen der Privatwirtschaft an qualifizierte Mitarbeiter und sozialen wie auch wirtschaftlichen Zielsetzungen des Staates. Während die Unternehmen an einer spezifischen Qualifikation ihrer Mitarbeiter für den von ihnen abgesteckten Aufgabenbereich interessiert sind, muss der Staat, sofern er denn verantwortungsvoll handelt, eine längerfristige sozial- und wirtschaftspolitische Perspektive zur Grundlage seines bildungspolitischen Handelns machen. Einerseits muss er die Arbeitsmarktentwicklung im Auge behalten, um Fehlqualifikationen zu vermeiden, andererseits wird er immer seine politischen Ziele - etwa Vollbeschäftigung, Industrialisierung des Landes oder ökologische Umgestaltung der Gesellschaft - in das Berufsbildungssystem einbringen. Die daraus entstehenden Maßnahmen entsprechen unter Umständen nicht den Vorstellungen der Unter-

13

nehmen von effizienter Berufsausbildung. Es treten moralische, staatsbürgerliche und intellektuelle Komponenten in die Berufsbildung ein, die eingebunden wird in ein nationalstaatliches Institutionensystem von Bildung. Das entstehende System der Berufsausbildung birgt deshalb zwei verschiedene Logiken, die der zweckgebundenen Qualifizierung für eine wirtschaftliche Tätigkeit und die der Erziehung zum verantwortungsvollen bzw. staatstreuen Bürger, Arbeiter und Konsumenten. Diese entwicklungspolitischen Implikationen spielten und spielen gerade in einer industriell immer hinter den entwickelten Nationen zurückliegenden und sozial wie regional gespaltenen Gesellschaft, wie sie Brasilien darstellt, eine besondere Rolle. Die Berufsausbildung war dort immer eingebunden in soziale Reformen bzw. Repressionen und wirtschaftliche Abhängigkeiten oder Modernisierungsprogramme, Alphabetisierung und Industrialisierung.[3]

Diese Entwicklung soll deshalb sozialgeschichtlich im Sinne der "História Nova", der "Neuen Geschichte" erschlossen werden, die

Nelson Werneck Sodré ab den 60er Jahren des 20. Jahrhunderts in Brasilien prägte. Demnach sollten Gesellschaft, Kultur und Ökonomie in ihren Wechselwirkungen mit der Geschichte analysiert und damit die alte Geschichtsschreibung, die sich an großen Namen und deren Gesetzen und Befehlen festmachte, überwunden werden. Dies bedeutet für vorliegende Arbeit, sich auseinanderzusetzen mit der Entstehung der brasilianischen Kultur aus schwarzafrikanischen, portugiesischen und indianischen Elementen und deren Einfluß auf die Ausbildungsstrukturen und berufliche Semantik. Wichtige Hinweise dafür gibt der Anthropologe Gilberto Freyre, der in seinen Werken die patriarchalische Ordnung der brasilianischen Gesellschaft in der Kolonialzeit schildert. Hier finden sich auch wichtige Hinweise für die Ausbildung einer Semantik von Arbeit und Beruf, die sich wie anfangs gezeigt so deutlich von der deutschen Entwicklung unterscheidet. Auch die ökonomischen und politischen Umbruchsphasen müssen mit ihren Auswirkungen auf die Berufsausbildung analysiert werden.[4]

Diese Arbeit wird schon aus der erfahrungsweltlich weitgehend durch Deutschland geprägten Biographie des Verfassers heraus eine vergleichende werden. Die brasilianische Entwicklung soll dabei im Vordergrund stehen und es werden keine schematischen Gegenüberstellungen erfolgen. Das deutsche Berufsbildungssystem wird allerdings als Vergleichs- oder Kontrastmuster helfen, die darzustellenden Gegenstände zugänglich zu machen und zu übersetzen. Ein Rückblick auf die Berufsausbildung der Zünfte im Europa des Mittelalters wird das Erbe der portugiesischen Kolonialmacht deutlich machen und in der späteren Analyse als Abgrenzungsmuster einen Vergleich mit der durch die Zünfte geprägten deutschen Entwicklung ermöglichen. Somit kann auch der zweite Grundsatz der Methode der "História Nova" erfüllt werden, der die Einbeziehung der weltgeschichtlichen Ereignisse und Voraussetzungen in die brasilianischen Geschichte fordert. Besonders interessant sind in dieser Hinsicht auch die Berichte deutscher Reisender über Brasilien, die immer ein besonderes Interesse an den Arbeits- und Ausbildungsformen zeigten. Diese Arbeiten, teilweise voller detailgenauer Beschreibungen, sind allerdings vielfach geprägt durch die Umstände der Reise oder auch durch die Naivität der Berichtenden. Das zeigt sich besonders deutlich anhand eines der letzten dieser Berichte, dem von Stefan Zweig. Wenn er dort behauptet, die brasilianische Nation beruhe seit Jahrhunderten auf "der völligen Gleichstellung von schwarz und weiß und braun und gelb"[5], ist das nur auf verschiedenen Hintergründen zu verstehen, denn erst weniger als 60 Jahre zuvor war die Sklaverei in Brasilien abgeschafft worden! Natürlich mißt sich die Gleichberechtigung hier an der Rassentheorie der Nationalsozialisten, die Zweig zur Immigration gezwungen hatten. Die Suche nach einer neuen Heimat und der Ekel vor der verlorenen führten ihn sicher genauso zu Beschönigungen wie die Loyalität gegenüber einem Land, das ihn freundlich aufgenommen hatte und dessen Regierung den Anstoß und finanzielle Unterstützung zu der zitierten Veröffentlichung gab. Nur mit einem besonders quellenkritischen Vorgehen lassen sich deshalb diese Reiseberichte erschließen.[6]

Schließlich sollte es auch möglich sein, die Geschichte der brasilianischen Berufsausbildung als einen Prozeß darzustellen, der bis in die Gegenwart hineinreicht. Hierbei geht es Werneck Sodré weniger darum, einen Geschichtsdeterminismus aufzumachen, nachdem die Vergangenheit eine Linie zu einer vorherbestimmten Zukunft zeichnet. Vielmehr gilt es ihm, die gegenseitige Bedingtheit von Ereignissen zu berücksichtigen im Gegensatz zu deren schematischer Auflistung. Eben das heißt für diese Arbeit, nicht nur die brasilianischen Institutionen von Berufsausbildung den jeweils zeitgleich in Deutschland sich entwickelnden gegenüberzustellen, sondern ihre Entwicklung auf dem Hintergrund der sich unterschiedlich ausformenden Berufsbegriffe und -konzepte zu analysieren. Wenn in dieser Arbeit von Berufsausbildung die Rede ist, versteht sich dies im deutschen Sinne als eine Art gewerbliche Facharbeiterausbildung für manuelle, ausübende Tätigkeiten in Handwerk oder Industrie.[7]

III. Vergessene Ursprünge:

Die Zünfte in der "Alten Welt" als Ausgangspunkt der Berufsausbildung in Brasilien

Im mittelalterlichen England, Frankreich, Deutschland und auch in Portugal bildeten sich Zünfte als Gegenreaktion auf die Preismonopole der Handelsgilden. Sie errangen sich bald eine Monopolstellung über die Handwerke, die es ihnen erlaubte, die Preise für handwerkliche Produkte und Leistungen selbst festzulegen und Beruf, Ausbildung und Leben ihrer Mitglieder umfassend zu regeln. Die einzelnen Gewerke wurden in jeweils separaten Straßenzügen angesiedelt, Vertreter wurden vom Bürgermeister auf die ordnungsgemäße Ausführung ihres Handwerks vereidigt. So verkörperten die Zünfte jeweils einen traditionellen Handwerksberuf organisatorisch wie auch räumlich. Jede Werkstatt wurde von einem Meister geleitet, aus deren

Kreis die dem Bürgermeister Verantwortlichen "jurados" gewählt wurden. Der Meister hatte bis zu zwei Gesellen und zwei Lehrlinge. Damit schufen die Zünfte ein patriarchalisches Hierarchiesystem, das die Familie als Stätte der Ausbildung ablöste.

Aber auch wenn nicht mehr der Sohn das gleiche Gewerbe des Vaters erlernen musste und seine Werkzeuge erbte, war dies oft der Fall. In jedem Fall wurde der Lehrling in ein Vater - Sohn - Verhältnis mit dem Meister gesetzt, er wohnte und arbeitete mit ihm und assistierte bei allen Tätigkeiten, die entfernt mit dem Gewerbe zu tun hatten. Gleichzeitig übernahmen die Meister aber auch weitreichende Verantwortungen für ihre Lehrlinge. Sie mussten ihnen "gute Bücher" zu lesen geben, sie regelmäßig zur Kirche mitnehmen, ihnen alle fachlichen und weltlichen Kenntnisse weitergeben, sie wenn nötig korrigieren oder - wenn sie sich Vergehen zu Schulde kommen lassen hatten - auch körperlich bestrafen. Für diese Zeit hieß dies: Der Meister musste den Lehrling wie seinen Sohn behandeln. Das Verhältnis von Meister und Lehrlingen war neben der wirtschaftlichen Zielsetzung immer auch ein Erziehungsverhältnis. Der Meister war eingebunden in fachliche Kontrolle, er bürgte mit seiner Signatur für die Qualität der von ihm ausgeführten Arbeiten und hergestellten Produkte. Die Religion bestimmte weitgehend das Leben der Zünfte. In Lissabon hatte jeder Handwerkszweig seinen eigenen Schutzheiligen, für den regelmäßige Prozessionen veranstaltet wurden. Die moralischen Grundsätze für Leben und Arbeit waren die der katholischen Kirche und bei den Gesellen- und Meisterprüfungen war die religiöse Integrität genauso wichtig wie die fachliche Kompetenz. So fand die Ausbildung und Erziehung der Zünfte in einem Verhältnis statt, das stark von familiären und kirchlichen Grundsätzen bestimmt war.[8]

In den Zünften entwickelte sich eine starke Berufsehre und -treue, die regional unterschiedlich mit einer Vielzahl von Symbolen belegt war. Sie drückten sich aus in der Anrede des Werkstattbesitzers und Lehrers als "Meister", der Anordnung der verschiedenen Gewerke nach Straßenzügen, Wappenschildern an den Werkstätten, die das hergestellte Produkt oder die angebotene Leistung darstellten usw. Die Übergabe eines Grundstocks der für die Ausübung des jeweiligen Handwerks nötigen Werkzeuge an den Lehrling, der seine Ausbildung abgeschlossen hatte, symbolisierte neben rein praktischen Gründen die erworbene Qualifikation und die Fähigkeit zur selbständigen Ausführung von Arbeiten ebenso wie die Verpflichtung gegenüber dem Berufsstand und die Treue zum erlernten Beruf.

Mit der einsetzenden Kolonisation in Indien, Madeira und später Brasilien verlor das Handwerk in Portugal allerdings immer mehr an Bedeutung. Mit dem Handel von Rohstoffen aus den Kolonien und Fertigwaren aus England ließ sich mehr Geld verdienen als mit der Produktion. Die in Portugal lebenden Mauren drängten mehr und mehr in die Handwerke und verringerten damit deren Ansehen. In der portugiesischen Umgangssprache wurden körperliche und handwerkliche Arbeiten mit der Verbkreation "mourejar" abqualifiziert, eine Ersetzung des Verbs trabalhar in Anspielung auf die ehemaligen maurischen Besatzer. So konnte sich nicht wie in England, Frankreich und Deutschland eine positive gesellschaftliche Wertung des Handwerks und ein kollektives Selbstbewußtsein der in ihm Tätigen durchsetzen.[9]

IV. Die Kolonisation der "Neuen Welt":

Die Engenhos als Zentren der brasilianischen Berufsausbildung

Das Wirtschaftsleben Brasiliens war immer gekennzeichnet durch einen Mangel an qualifizierten Arbeitskräften.

Die von der Flotte unter Cabral im Jahre 1500 entdeckte - für die Portugiesen "neue" - Welt besaß zunächst für ökonomische Bestrebungen wenig Anreize. Zwar schwärmten die Eroberer von dem an Portugal erinnernden Klima, üppiger Vegetation und Wasservorkommen, doch stellte sich bald heraus, dass im Gegensatz zum Traumziel Indien keine Gewürze, Gold und Edelsteine zu erbeuten waren. So hielt sich das Interesse des frisch gebackenen Mutterlandes an seiner Neuentdeckung vorläufig in Grenzen. Lediglich einige Stützpunkte zum Abbau und Verladen des Brasilholzes, das zum Einfärben von Stoffen benutzt werden konnte, wurden errichtet. Wie auch zuvor in Afrika zeigten sich die Eingeborenen in der Regel begeistert von den Werkzeugen der Portugiesen, mit denen diese ihre hölzernen Kreuze zum Zeichen der Ankunft der Christenheit errichteten. Sie ließen sich noch bereitwillig im Austausch gegen Spiegel, Glas und bunte Stoffe dazu anhalten, diese Werkzeuge zu benutzen, um das Brasilholz für die Verschiffung nach Portugal zu schlagen. Doch bald gab es erste Streitigkeiten, den "Indianern" wurde mehr versprochen, als die Händler einhalten konnten, Abenteurer, Verbannte, Schiffbrüchige und Desertierte ließen sich nieder und versuchten aus den Konflikten der Stämme Profit zu ziehen. So wurden Kriegsgefangene der Befeindeten versklavt und nach Europa verschifft.[10]

Jetzt stellten sich erste Engpässe bei der Versorgung der entstehenden Kolonie mit Arbeitskräften ein. Die wirtschaftliche Entwicklung stockte und - trotzdem die portugiesische Krone versucht hatte, die Entdeckung der neuen Gebiete geheimzuhalten - machten sich bald französische Händler auf, am Brasilholzimport nach Europa teilzuhaben. Um

28

die portugiesischen Ansprüche am okkupierten Land auch für die Zukunft und die Einnahmen aus den 20%igen Handelszöllen zu sichern, wurde das Land ab 1534 in 15 "Capitanias hereditárias" aufgeteilt. Diese nach Breitengraden abgesteckten Küstenstreifen sollten an Adlige gegeben werden, die sie mit allen Vollmachten verwalteten und dieses Recht auf ihre Kinder vererbten. Sie hatten lediglich für die Abführung der bereits erwähnten Zölle zu sorgen, verwalteten das Land allerdings auch auf eigene Kosten. Da der portugiesische Hofadel und das Handelsbürgertum sich in ihren Aktivitäten auf das ertragreichere Indien konzentrierten, wurden die Capitanias an Offiziere, Günstlinge des Königs und Beamte vergeben, die für eine Kolonialisierung finanziell nicht ausreichend ausgestattet waren. Nur eine stärkere Besiedlung und Entwicklung konnte das Land vor spanischen und holländischen Eroberungen schützen.

1549 wurde deshalb ein Generalgouverneur in Bahia eingesetzt, der Ländereien für eine sich entwickelnde Bewirtschaftungsform vergeben konnte, die bis zum Anfang des 18. Jahrhunderts bestimmend für das Kolonialreich blieb: Die Zuckerrohrplantage. Hauptsächlich in Bahia und Pernambuco entwickelte sich das von Gilberto Freyre beschriebene, auf den Zucker gebaute patriarchalische Ensemble aus "Herrenhaus und Sklavenhütte"[11]. Diese Plantagen bildeten ein relativ abgeschlossenes wirtschaftlich - politisches System, da die geschilderte staatliche Verwaltung sich auf das Abwenden schwerer Verstöße gegen Ordnung und Recht beschränkte, aber kaum auf politische Gestaltung. Das Herrenhaus war Festung, Kapelle, Schule, Werkstatt, Asyl, Harem, Mädchenkloster, Herberge und Bank. Der entstehende "Engenho" stellte einen Komplex dar aus Plantage, Lager, Mühle und Kesselhaus, es entstanden also die ersten Manufakturen, für die auch qualifizierte Arbeiter benötigt wurden.

In Freyres Titel war schon angesprochen, dass sich die Erwirtschaftung des Zuckers auf Sklavenarbeit gründete. Durch ihre autonome Stellung in einer sich erst entwickelnden Gesellschaft waren die Zuckerrohrplanta-

30

gen auch die erste und einzige Ausbildungsstätte. Allerdings verhinderten sie so auch die
Ausbreitung einer institutionalisierten Berufsausbildung. Die Verwaltung der Capitanias war eher eine provisorische, die sich auf
die Ausbeutung der Rohstoffe konzentrierte.
Hier gab es keinen Platz für Bildung. So wurde die Verantwortung auf die Zuckerrohrplantagen verlegt, deren Besitzer diese natürlich
kaum wahrnehmen konnten und wollten. Die
Engenhos basierten auf einer Monokultur, die
beim Anbau nur leicht anlernbare Qualifikationen erforderte. Durch ihre räumliche Abge-
schlossenheit und Entfernung konnten sich
keine Zunftzusammenhänge entwickeln und
es herrschte ein stetiger Mangel an Zucker-
meistern. Auch bei der Produktion der Nah-
rungsmittel machte sich das Fehlen qualifizierter Bauern und Handwerker bemerkbar.
So berichtet Freyre, dass es bis tief ins 17.
Jahrhundert hinein in ganz Pernambuco keine Schlachterei gab und der allgemeine Ver-
sorgungsstand mit Nahrungsmitteln auch bei
den besser gestellten Schichten Grund für
Fehl- und Unterernährung darstellte.[12]

Auf den Engenhos wurden die Sklaven hauptsächlich für die landwirtschaftliche Tätigkeit, aber auch für einfache handwerkliche Arbeiten angelernt. Allerdings waren die Eingeborenen ursprünglich Nomaden, die hauptsächlich von Jagd und Sammeln gelebt hatten, nur die Frauen einiger Stämme betrieben sporadisch Ackerbau und Handwerk. Tiere hielten diese Stämme nur zur Vergnügung - etwa Äffchen, Vögel oder Schildkröten. Außer der geschlechtlichen kannten die "Indios" noch keinerlei Arbeitsteilung. Die Männer des Stammes fanden in Jagd und Krieg ihren Beruf und waren kaum geeignet für die zähe monotone Arbeit auf den Zuckerrohrfeldern, aber auch für handwerkliche Tätigkeiten, die bei ihnen die Frauen auszuführen hatten. Die Frauen für das Handwerk auszubilden widersprach wiederum der Gewohnheit der Portugiesen, die dies als Männersache betrachteten. Außerdem begannen sich die "Indianer" zunehmend gegen die Versklavung aufzulehnen, sei es durch kriegerische Auseinandersetzungen, Flucht oder Sabotage der Arbeit. Die von den Einwanderern eingeschleppten

Krankheiten rafften sie dahin und viele Stämme verzogen sich in das geschütztere Hinterland. Auch geriet das Herrenhaus immer mehr in Konkurrenz zu den Ansiedlungen der Jesuiten, deren erste Padres 1549 mit dem Genaralgouverneur aus Portugal gekommen waren und die geschützte Räume für die Eingeborenen schufen.[13]

Deshalb verlagerte sich das Interesse der Gutsbesitzer bald auf afrikanische Sklaven. Diese wurden an der Westküste Afrikas gekauft, zu Hunderten beengt auf Schiffen in die brasilianischen Häfen gebracht und dort verkauft. In Afrika waren sie von Sklavenjägern gefangen oder als Kriegsgefangene von feindlichen Stämmen an die Händler verkauft worden. So gelangten Menschen völlig unterschiedlicher geographischer und sozialer Herkunft nach Brasilien. Sie wurden zwar ausschließlich nach ihrem Gesundheitszustand und nicht etwa nach Vorbildung ausgesucht, trotzdem befanden sich unter ihnen neben Nomaden auch Bauern, Handwerker bis hin zu Stammesfürsten. So konnte sich auch in den Engenhos eine Schicht handwerklich spezialisierter Sklaven bilden, die die technische Entwicklung der Zuckerherstellung beschleunigten. Auch in anderen handwerklichen Bereichen waren die schwarzen Sklaven den Indios und teilweise auch den portugiesischen Eroberern überlegen. So konnte Gilberto Freyre später die Herkunft vieler in Brasilien verwendeter Werkzeuge - vor allem im Schmiedehandwerk - aus Afrika nachweisen. Allerdings verhinderte das Sklavensein auch die Herausbildung von Bildungsstrukturen, so dass Lehren und Lernen nur informell in direkter Verbindung mit dem Arbeitsprozeß stattfinden konnte.[14]

Noch schlechter als auf den Engenhos sah es in bezug auf handwerkliche Fachkräfte in den Siedlungen des Hinterlandes aus. Sie wurden geprägt von Verstoßenen, Abenteurern und Deserteuren, die von der Jagd auf die Eingeborenen lebten, die sie als Sklaven an die Händler in den Küstenstädten oder direkt an die Engenhos verkauften. Sie hatten kein Interesse am Aufbau von Versorgungsstrukturen, so dass sich ihre Ernährung noch katastrophaler darstellte als die der Sklaven in

ihren den Herrenhäusern der Engenhos an-
gegliederten Hütten, den Senzalas. Zwar hatten viele der Einwanderer nach Brasilien in
Portugal als Handwerker gearbeitet, in die
entstehenden Städte kamen sie allerdings mit
dem Ziel, sich von der mühseligen Arbeit zu
befreien. Sie gaben sich entweder der Sklavenjagd hin oder strebten nach anderen ge-
winnträchtigen Beschäftigungen. Diejenigen
Handwerker und Bauern, die sich mit manueller Arbeit eine eigene Existenz aufbauen
wollten, bewirtschafteten meist ein kleines
Stück Land in Subsistenzwirtschaft und war-
en sowohl von urbanen Ansiedlungen als
auch von den Engenhos abgeschlossen. So
wurden die Zuckerrohrplantagen, die wenig
handwerkliche Voraussetzungen benötigten,
für die brasilianische Wirtschaft bestimmend.[15]

Ein Grund für die Verlagerung des Interesses
der Gutsbesitzer auf die schwarzen Sklaven
waren die Protektions- und Missionsversuche
der Jesuiten unter den Eingeborenen. Im Gegensatz zu den Schwarzen galten den Jesuiten die Eingeborenen Amerikas als Geschöpfe

Gottes, die es vor allzu großer Willkür der Sklavenhalter zu schützen galt. Im Hinterland richteten die Jesuiten landesweit kleine Siedlungen (Aldeias) für die Indianer ein. Sie sollten dort für den christlichen Glauben missioniert werden. Hier leisteten die Jesuiten ein höchst ambivalentes Werk: Einerseits beteiligten sie sich an der Zerstörung der gewachsenen Kultur eines großen Teils der Ureinwohner, andererseits schufen sie damit die Grundlage zur Entwicklung einer einheitlichen portugiesisch geprägten Kultur Brasiliens, die wichtig war für den politischen Zusammenhalt dieses enormen Landes. Die Eingeborenen wurden in Portugiesisch und Religion unterrichtet, lernten die Bibel lesen, abschreiben und singen. Allerdings zeigten sich die Indios viel interessierter an den Werkzeugen und Waffen europäischer Herkunft. Wirtschaftliche Not zwang die Jesuiten dann auch bald, die Eingeborenen in den Handwerken nach europäischem Muster zu unterrichten. So wurde in den Aldeias Holzbearbeitung, Töpfern, Gemüseanbau und Viehzucht gelehrt und gelernt. Allerdings ließen die Padres ihre

Schüler nicht mit den europäischen Werkzeugen arbeiten, für die sie sich so begeisterten und sie verloren schnell die Lust an der handwerklichen Ausbildung. Trotzdem qualifizierten sie sich gegenüber ihren nomadischen Stammesgenossen, die noch nicht missioniert waren. Das sprach sich auch bei den umherschweifenden Sklavenjägern herum, die bei ihren Raubzügen - den "Entradas" - jetzt die Indios aus den Aldeias bevorzugten, weil diese bereits an Ackerbau und Handwerk gewöhnt und so leichter an die Engenhos zu verkaufen waren. Der Qualifizierungsvorsprung brachte den Indios hier also einen höheren Wert auf dem Arbeitsmarkt, der sich durch die herrschende Sklaverei höchst unvorteilhaft auf die persönliche Freiheit auswirken konnte. Auch gab es sicherlich die von Humboldt später auf seinen Reisen im spanischen Lateinamerika beobachteten Ausbeutungsformen der Indios durch die Missionare. Vielfach entwickelten sich hier ähnliche Herrschaftsformen wie auf den Engenhos, wobei der Padre die Rolle des patriarchalischen Gutsherren übernahm. Die Indios arbeiteten zum persönlichen Vorteil des Missionars, der mit den landwirtschaftlichen und handwerklichen Produkten seiner "Schützlinge" in den Küstenstädten handelte und die dort erworbenen importierten Fertigprodukte überteuert an die Indios weiterverkaufte. Auch diese Ausbeutungsformen wirkten sich negativ auf die Lern- und Arbeitsmotivation der Eingeborenen aus. Hier reproduzierte sich im Kleinen die wirtschaftliche Unterdrückung Brasiliens durch das Mutterland Portugal, das die Ausbeutung der Rohstoffe Brasiliens genauso wie die Lieferung von Fertigwaren in die "Neue Welt" kontrollierte und sich daran bereicherte.[16]

Die Indios blieben, sofern sie nicht auf Raubzügen der Sklavenhändler erbeutet und an die Engenhos verkauft wurden, mit ihrem von den Jesuiten erworbenen Wissen isoliert. Entweder verblieben sie in den Aldeias oder flüchteten vor den Entradas in abgelegene Urwaldgebiete, wo sie wieder zu ihren alten Sitten zurückkehrten. Bei den Jesuiten und nach deren Vertreibung noch stärker bei den Franziskanermönchen war die handwerkliche

Ausbildung auf eine Subsistenzwirtschaft in den Aldeias angelegt, was sicherlich am ehesten dem früheren kommunalen Zusammenleben der Indios entsprach. Während nahezu alle anderen Kulturmerkmale, Religion, Sprache, Musik, Kleidung usw. von den Missionaren zerstört wurden, blieb das Zusammenleben aufgrund der äußeren Umstände isoliert, wenn auch nicht unverändert. So ging von der einzigen - wenn auch schwach - formalisierten Ausbildung zu dieser Zeit - der der Indios in den Aldeias - wenig Einfluß auf die Entwicklung von Arbeit und Beruf in Brasilien aus.[17] Deshalb kann in bezug auf die berufliche Ausbildung in Brasilien kaum von einer jesuitischen Phase gesprochen werden, wie dies später zuweilen getan wurde. Die Jesuiten verbanden die Handwerke, die sie lehrten nicht mit dem Berufsbegriff. Die Indianer waren vielmehr dazu berufen, von ihnen zum christlichen Glauben missioniert zu werden, die berufliche Qualifikation war dabei nur das Nebenprodukt eines religiösen Erziehungsprozesses.[18]

Während die brasilianischen Eingeborenen
39

sich durch Flucht, Krankheit und fehlende Qualifikation der Versklavung entzogen, zeigten sich die schwarzen Sklaven besser geeignet für die Arbeit auf den Zuckerrohrfeldern, in den Engenhos und deren Werkstätten. Wegen ihrer handwerklichen Vorbildung wurden sie oft für die Wartung der Zuckermühlen, Tischler- und Schmiedearbeiten, Nahrungsmittelanbau und -verarbeitung und Tierzucht und Fleischerei eingesetzt. Die Engenhos begannen, mehr und mehr die brasilianische Gesellschaft zu bestimmen. 1590 gab es bereits 36 dieser Plantagen- und Verarbeitungskomplexe in der Hauptstadt Bahia, 62 in Pernambuco und einige weitere in anderen Küstenstreifen des Nordens, der durch das tropische Klima prädestiniert für die Entwicklung dieser Monokultur war. Bis zum Anfang des 18. Jahrhunderts stieg ihre Zahl auf über 500 an. Bis zu 150 Sklaven arbeiteten auf den Feldern und in den Werkstätten eines dieser Engenhos, durch immer neue Einfuhren aus Afrika stieg der Bevölkerungsanteil der Schwarzen auf etwa 50%. In den Engenhos spielte sich das wirtschaftliche und kulturelle

Leben Brasiliens ab. Sie boten durch den entstehenden Reichtum rasche Aufstiegsmöglichkeiten für die portugiesischen Einwanderer. Die handwerklich geschickten schwarzen Sklaven wurden auch für externe Aufträge eingesetzt. Mit den hierfür verlangten Preisen konnte das freie Handwerk kaum konkurrieren, weshalb es sich auch für eingewanderte portugiesische Handwerker eher lohnte, sich in Sklavenjagd, Handel oder auch nur als Aufseher zu verdingen.[19]

So wurden die Engenhos auch die Zentren der handwerklichen Arbeit in Brasilien. Neben den recht anspruchslosen Arbeiten der Zuckerrohrpflanzung mussten für die Verarbeitung des Rohrs zum Rohzucker Arbeitskräfte qualifiziert werden. Englische und deutsche Zuckermeister beaufsichtigten Anbau und Verarbeitung und bildeten Sklaven zu Bauern, Transportarbeitern, Viehzüchtern, Fischern, Bootsmännern, Zuckerkochern, Tischlern, Schmieden, Bäckern und Metzgern aus. Die Ausbildung war integriert in den Arbeitsprozeß und auf die Anforderungen der jeweiligen Plantage abgestimmt. Auch für andere handwerkliche Berufe wurden die geschickten schwarzen Sklaven angelernt. Die schwache Verstädterung, die bereits angesprochene schlechte Versorgungslage in den ländlichen und städtischen Siedlungen und die große räumliche Ausdehnung und dadurch schwache Besiedlung des Koloniegebietes zwangen die Grundbesitzer zur Selbstorganisation der Versorgung mit handwerklichen und landwirtschaftlichen Erzeugnissen auf den Engenhos. Zur Produktion von Gebrauchsgütern und Nahrungsmitteln wurden meist in ihren Heimatländern vorgebildete Sklaven eingesetzt, die ihre Fähigkeiten an die nächste Generation weitergaben. Aufgrund der Bedeutung des Zuckerrohrs für die wirtschaftliche Entwicklung Brasiliens und des hohen Anteils der Sklaven an der Bevölkerung bildete diese Ausbildungsform trotz ihrer informellen Gestaltung und regionalen Beschränktheit das Zentrum der brasilianischen Berufsausbildung in den ersten Jahrhunderten der Kolonialzeit.[20]

Natürlich wurde dieses Anlernen unter den aufstrebenden und gut situierten Schichten

42

kaum als Ausbildung wahrgenommen, geschweige denn mit dem Erlernen eines Berufes assoziiert. Wer seinem Sohn eine gute Ausbildung geben wollte, schickte ihn zum Studium nach Portugal, auf die Universität von Coimbra, wo er Medizin oder Jura studierte. Der Medizinerberuf war mit einem hohen gesellschaftlichen Prestige verbunden. Aus dem Jurastudium ergaben sich gute Verdienstmöglichkeiten in der entstehenden Staatsbürokratie, zudem konnte die Tätigkeit gut zur Vertretung der väterlichen Interessen als Gutsbesitzer gegenüber der Kolonialverwaltung genutzt werden. So zeigten die gut situierten Brasilianer kaum Interesse an einer naturwissenschaftlichen Ausbildung ihrer Söhne. Die einzige Möglichkeit in Brasilien selbst eine angesehene Ausbildung zu absolvieren, war das Studium der Theologie in den jesuitischen Kollegs. Hier nutzten vor allem die Kinder ärmerer weißer Siedler die Gelegenheit, aus der Misere zu entfliehen. Sie wurden als Pastoren ausgebildet, trennten sich aber später oft von der Kirche, um heiraten zu können und sich einen eigenen Besitz aufzubauen.[21]

Der brasilianische Berufsbegriff koppelte sich bald an Medizin und Rechtswissenschaft. Eine Berufsausbildung in diesem Sinne konnte nur die akademische Ausbildung an der Universität von Coimbra sein. Die hier beginnende Entwicklung hatte weitreichende Folgen. In der "Versklavung" des Handwerks wurde die portugiesische Tradition fortgesetzt, die die physische Arbeit mit dem Verb "mourejar" als schwarz abgestempelt hatte. Damit war diese Arbeit für die weißen Einwanderer tabu und selbst wenn sie es nicht schafften, sich in Plantagenwirtschaft oder Handel hochzuarbeiten, zogen sie es vor, sich mit Betrügereien oder Diebstählen durchs Leben zu schlagen. Auch die Jesuiten waren eher auf eine humanistische Allgemeinbildung als auf die Ausbildung praktischer Fähigkeiten aus. Außerdem achtete die portugiesische Kolonialverwaltung streng darauf, dass keine protestantischen Einflüsse in das Land schwappten. Einwanderer mussten katholischen Glaubens sein, bzw. rechtzeitig konvertieren. So gab es keine Ansatzpunkte für die sich im protestantischen Einflußbereich durchsetzende Huldigung der körperlichen Arbeit als Gottesdienst. Das Gegenteil war der Fall: Feste und Müßiggang wurden zum Statussymbol und die Herren der Zuckerrohrplantagen ließen sich sogar in der Hängematte zur Kirche tragen. Selbstverständlich war diese "Faulheit" vor Einsetzen der Automatisierung nur möglich auf Kosten der Arbeit der Sklaven und wurde auch von der katholischen Kirche nicht gern gesehen.

Die Arbeiter auf den Zuckerrohrfeldern und in den Werkstätten der Engenhos konnten sich durch ihr Sklavensein nicht mit ihrer handwerklichen Tätigkeit identifizieren. Allerdings führten sie - im Gegensatz zu den Indios - die erworbenen handwerklichen Kenntnisse auch fort, wenn sie dem Joch des Engenho entkommen waren: In den Quilombos. Diese Siedlungen entflohener schwarzer Sklaven im Hinterland entwickelten ausgeprägtere handwerkliche Fähigkeiten als sie in den Städten zu finden waren. Hier konnten die Sklaven selbstverantwortlich ihre Kinder ausbilden und es entwickelte sich ein ausgeprägtes arbeitsteiliges Handwerkesystem. Dieses System stützte sich stark auf die Familie, die die Entflohenen in der Regel mit geraubten Indianerinnen gründeten, baute aber auch auf die in den Engenhos erworbenen Kenntnisse auf. Hier konnte später so etwas wie eine Berufsehre im handwerklichen Bereich entstehen, die verbunden war mit ethnisch - moralischen Normen. Erziehung und berufliche Ausbildung vereinten sich in der Notgemeinschaft der Familie. Dies war jedoch eher eine Ausnahmeerscheinung und konnte die brasilianische Entwicklung in dieser Hinsicht aufgrund der Isoliertheit kaum beeinflussen.[22]

In den brasilianischen Städten wurden Handwerkerzünfte nach portugiesischem Vorbild installiert. Suckow da Fonseca berichtet über das Zunftwesen von São Paulo, wo es 1651 immerhin 13 Handwerksbetriebe gab, die sehr streng von der Zunft reglementiert wurden. Von Preisfestsetzungen über die Vorgabe der zu verwendenden Materialien bis hin zur Einschränkung der Produktpalette wurde die gesamte Produktion von der Zunft bestimmt. Allerdings konnten die Zünfte nicht ankämpfen gegen die handwerkliche Produktion auf den Engenhos, deren Erzeugnisse auch in die Städte kamen. Auch war wie bereits beschrieben, das Interesse der Einwanderer an handwerklicher Betätigung gering. Beruf war verbunden mit gesellschaftlichem Ansehen und das konnte man als Mediziner oder Jurist erlangen, nicht aber indem man sich durch manuelle Tätigkeiten mit den Sklaven auf eine Stufe stellte. Den Zünften gelang es deshalb nicht, ihren ritualisierten Berufsbegriff mit Inhalten zu füllen. Nur wenige Handwerker erfüllten die Bedingungen der Aufnahme in die Korporation. Ohne die Monopolstellung, die die Zünfte in den europäischen Handwerken erlangt hatten, stellten die strengen Regeln der Gemeinschaft eher Restriktionen und Konkurrenzhindernisse dar.[23]

V. Das goldene Zeitalter:

Import europäischer Berufskonzepte

1694 wurde im heutigen Minas Gerais erstmals Gold gefunden. Brasilien wurde plötzlich zum wertvollsten Besitz Portugals. Die Mühen der Kolonisation schienen sich endlich gelohnt zu haben. Um so mehr musste das Mutterland jetzt aber bedacht sein, diesen Reichtum nicht zu verlieren. Die Krone musste sich den "Quinto", den fünften Teil der Funde, der als Steuer abgeführt werden musste, sichern. Für eine Verstaatlichung der Minen fehlte Portugal allerdings die Struktur und das notwendige Personal in der Kolonie, weshalb der private Goldabbau zwar erlaubt war, aber strengen Kontrollen unterzogen wurde. Alles Gold musste im staatlichen Münzhaus verarbeitet werden, wo auch unmittelbar der Quinto einbehalten wurde. Der Goldrausch erfaßte daraufhin die gesamte Bevölkerung. Viele Landbesitzer verließen ihre

Engenhos mitsamt den Sklaven, um das Glück in den Bergen zu suchen. Auch viele der wenigen Handwerker aus den entstehenden Städten wanderten ab, weshalb sich der König 1703 genötigt sah, dem Generalgouverneur Brasiliens zu befehlen, das Weggehen der Handwerker und Gewerbetreibenden und damit den Ausbruch von Versorgungsengpässen in den Städten zu verhindern. Das zeigte allerdings wenig Wirkung. Große Teile der Bevölkerung machten sich mit einigen wenigen Werkzeugen auf die Goldsuche. Schnell entstanden im Fundgebiet größere Ansiedlungen, deren Versorgungslage allerdings katastrophal war. Die Fleischer, Bäcker, Tischler usw. waren ja nicht etwa gekommen, um hier ihrem Berufe nachzugehen, sondern um Gold zu schürfen. Dieses Fieber hatte natürlich auch beträchtliche Auswirkungen auf die Ausbildungssituation. Die Freigabe des Schürfens für jedermann ließ keine Zeit für eine Ausbildung im Bereich des Goldabbaus. Wer als erster kam, den erwartete das wertvolle Metall und so wurde das Gold mit mangelhaften Werkzeugen nur oberflächlich ausgewaschen. Durch das Abwandern der Handwerker aus den Städten wurden die sich entwickelnden Zunftstrukturen endgültig zerstört. Auch die Sklaven der Engenhos wurden jetzt nicht mehr qualifiziert, sondern mit Hacke und Sieb in die Fundgebiete geschickt, da sie auf diese Weise mehr einbrachten, denn als Handwerker. Dieser Zustand sollte sich bis zum Ende des goldenen Zeitalters fortsetzen. Auch Spix und Martius berichteten nach ihrer Brasilienreise zu Anfang des 19. Jahrhunderts noch vom schlechten Zustand der Minen und den dilettantischen Abbaumethoden.[24]

Allerdings ließ der durch das Gold entstehende Reichtum Vila Rica, das spätere Ouro Preto schnell aufblühen. Wurde die Stadt 1730 noch als eine chaotische Siedlung, in der es an Lebensmitteln und Gebrauchsgütern fehlte beschrieben, so war sie etwa 50 Jahre später bereits eine der prachtvollsten Städte Brasiliens. Das beruhte zwar größtenteils auf dem Import von Fertigwaren aus Übersee, allerdings boten sich auch Möglichkeiten für Handwerker aus Italien, Deutschland und der

Schweiz, die hier gut bezahlt wurden und am Aufbau der vielen Kirchen und Herrenhäuser mitwirkten. Sie brachten auch ihre Ausbildungsstrukturen, das Verhältnis von Meister, Geselle und Lehrling neu nach Brasilien. Allerdings wurden sie durch die strengen Einwanderungsgesetze und die Beschränkungen für handwerkliche Tätigkeiten in ihrer Entfaltung gehemmt. Sobald ein Unternehmen über die unmittelbare handwerkliche Versorgung der Umgegend hinausging traf es das Verbot für Manufakturen. 1785 bekräftigte die Königin dies in einem Dekret, das ein schärferes Vorgehen gegen die entstehenden Manufakturbetriebe in Brasilien befahl, da sie der Kultur der Fazendas und den Goldminen die Arbeitskräfte entziehen würden. In Wirklichkeit galt die Sorge aber wohl eher der Sicherung des Handelsmonopols Portugals, das den Kreislauf der Ausführung von Rohstoffen nach Europa und der Einfuhr von hauptsächlich englischen Fertigprodukten nach Brasilien kontrollierte.[25]

Trotzdem veranlaßte das im Goldrausch entstehende Chaos die Kolonialverwaltung erstmals zur Betätigung in der handwerklichen Ausbildung. In den staatlichen Münzstätten fehlten ausgebildete Arbeiter für das Einschmelzen und Prägen des Goldes. Außerdem kam man in Portugal mit dem Bau von Frachtschiffen für den Transport des Goldes ins Mutterland nicht mehr nach. So wurden die Münzstätten zur ersten staatlichen Ausbildungsstätte in Brasilien. Die Ausbildung war fest institutionalisiert, nach einer Lehrzeit von etwa fünf Jahren und einer praktischen Prüfung erhielten die Lehrlinge ein staatliches Diplom. Trotzdem war sie wie die Ausbildung auf den Engenhos wenig formalisiert, es fehlten Unterrichtspläne und die Anforderungen richteten sich nach den jeweiligen Bedürfnissen der Münzstätte. Im Gegensatz zu den Engenhos wurden allerdings nur Weiße in das Lehrverhältnis aufgenommen. Bevor das Diplom ausgestellt wurde, berief der Meister drei Prüfer, die getrennt über die Fähigkeiten des Prüflings Bericht erstatteten. Nach abgeschlossener Ausbildung lag die Bezahlung der Münzarbeiter höher als die der Büroangestellten der Münzstätten. Die hohe

Bezahlung, das staatliche Diplom, aber auch die Ausgrenzung der Schwarzen trugen zu einer hohen gesellschaftlichen Akzeptanz dieses Berufes bei. Allerdings wurden die Anreize zu dieser Akzeptanz nicht geschaffen, weil der Staat etwa plötzlich die Berufsausbildung als gesellschaftliche Notwendigkeit erkannte. Vielmehr entstand sie aus einer Notlage heraus, die die Kolonialverwaltung unmittelbar betraf, weil sie ihre Anteile an der Goldausbeute sichern musste. Auch war den Münzstätten die Treue der ausgebildeten Arbeiter sicher, denn das dort erworbene spezialisierte Wissen konnten sie nicht in anderen Bereichen anwenden. Das erschien wichtig für die Machthaber, denn Berufsausbildung wurde nicht als Investition in die Zukunft des Landes gesehen, sondern als Ausgabe, die so gering wie möglich zu halten war.[26]

Aus ähnlichen Gründen wie die Münzprägeanstalten wurden die Marinearsenale in der zweiten Hälfte des 18. Jahrhunderts zu staatlichen Ausbildungsstätten. Die portugiesischen Kapazitäten reichten nicht mehr aus, um das gewonnene Gold ins Mutterland zu bringen. So befahl die Krone, in den Arsenalen von Rio de Janeiro, Bahia und Pará neue Schiffe für den Transport zu bauen. Portugiesische Ingenieure und Meister wurden beordert, den Aufbau der Schiffsproduktion zu organisieren. Sie sollten Mitarbeiter ausbilden, um in Brasilien ein zweites Zentrum des Schiffsbaus neben Lissabon zu etablieren. Es bildete sich wie in den Münzstätten die traditionelle Hierarchie von weißen Meistern, Gesellen und Lehrlingen, welche für einen traditionellen Handwerksberuf ausgebildet wurden. Allerdings war der Mangel an Arbeitskräften so groß, dass die Meister bald auch ihre Sklaven als Hilfsarbeiter einsetzten und die Krone ihre Sklaven zur Unterstützung der Arbeiten schickte. Die Zeit drängte und so konnten auch Ungelernte als Tischler und Metallwerker arbeiten, was die Herausbildung eines Berufsbewußtseins wie bei den Facharbeitern der Münzstätten verhinderte und die Ausbildung der Lehrlinge abwertete. Schließlich wurde sogar das Militär angewiesen, nach der Sperrstunde auf den Straßen Angetroffene aufzugreifen und zur Arbeit in den Arsenalen zu verpflichten. Als zu diesem Zwecke auch Straftäter aus den Gefängnissen überstellt wurden, verlor die Arbeit im Schiffbau endgültig jegliches gesellschaftliche Prestige. Öffentliche Zwangsarbeit weißer Sträflinge wurde "von den Eigenthümern schwarzer Sklaven häufig getadelt", berichteten Spix und Martius später von ihrer Brasilienreise "weil ihnen am meisten daran liegt, dass der physische Abstand der Raçen auch moralisch anerkannt werde".[27] Weil dem schnellen Ausgleich einer momentanen Mangelsituation Vorrang gegeben wurde, gelang es nicht wie in den Münzstätten, der handwerklichen Arbeit ein stärkeres Fundament zu geben, auf dem eine systematischere Ausbildung hätte aufbauen können.[28]

1759 wurden unter Minister Pombal die Jesuiten aus Brasilien vertrieben. Diese Vertreibung sollte Teil einer Bildungsreform werden, bei der allerdings nicht an die gewerbliche Berufsausbildung gedacht war. Es wurden Verordnungen zur Errichtung allgemeinbildender Schulen erlassen, die zum großen Teil am Mangel an ausgebildeten Lehrern scheiterten.

Einen kleinen Teil der Aldeias, wo die Jesuiten den Eingeborenen Lesen, Schreiben, Rechnen und Singen und notgedrungen auch handwerkliche Tätigkeiten beigebracht hatten, konnten die Franziskanermönche übernehmen. Ihre Ordensphilosophie und Lebensweise korrespondierte besser mit dem Stammesleben der Eingeborenen, das auf Gemeinschaftsbesitz und Subsistenzwirtschaft ausgerichtet waren. Auch bemühten sie sich im Gegensatz zu den Jesuiten, die Indios nicht mit schulischen Aufgaben zu überfordern, sondern waren dem Handwerk zugeneigt und bemerkten schnell, dass sie mit dem praktischen Unterricht mehr Erfolg hatten als mit dem theoretischen. Natürlich blieb die Ausbildung dadurch auf einfache handwerkliche und landwirtschaftliche Arbeiten begrenzt. Auch konnten sie das Fehlen der Jesuiten zahlenmäßig bei weitem nicht ausgleichen. Die Missionen blieben deshalb größtenteils sich selbst überlassen, die meisten der Eingeborenen zogen sich endgültig ins Landesinnere zurück und nahmen ihre althergebrachte Lebensweise wieder auf.[29]

VI. Monarchie und koloniales Erbe:

Das Absterben des handwerklichen Berufskonzeptes der Zünfte

Das Ende der Kolonialzeit 1808 brachte viele wirtschaftliche Veränderungen für Brasilien mit sich, die sich auch auf die Situation der Berufsausbildung auswirken sollten. Die portugiesische Krone flüchtete in diesem Jahr vor der französischen Invasion in Portugal mit ihren Reichtümern, dem gesamten Hofstaat und der Leibgarde nach Brasilien. Nach einem Zwischenaufenthalt in Bahia wurde Rio de Janeiro zu ihrem Sitz und zur Hauptstadt des Imperiums. Das war auch der Anfang einer neuen Wirtschaftspolitik. Brasilien sollte ein neues Handelszentrum werden und eine eigene Produktion von Gebrauchsgütern sollte vor den Auswirkungen von Blockaden schützen. So wurden alle Handelsbeschränkungen aufgehoben und auch die Manufaktur- und Gewerbeordnungen außer Kraft gesetzt. Englische und deutsche Meister und Ingenieure sollten beim Aufbau der Fabriken helfen. Schnell wurde klar, dass nicht alle Fachkräfte aus dem europäischen Ausland importiert werden konnten. Es musste also auch etwas für die nationale Berufsausbildung getan werden. Die stand zu diesem Zeitpunkt allerdings vor einem Scherbenhaufen. Die von den Jesuiten ausgebildeten Eingeborenen hatten sich in abgelegene Gebiete zurückgezogen und bildeten keine Reserve für die städtische Arbeiterschaft. In den Städten gab es kaum genug Handwerker, um die Versorgungslage zu sichern. Die schwarzen Handwerkerssklaven auf den Fazendas waren isoliert und ihre Ausbildung hatte nur dazu beigetragen, manueller Arbeit den Stempel der Knechtschaft aufzudrücken.

Der brasilianische Berufsbegriff musste dadurch ein akademischer bleiben. 1770 war die Universität in Coimbra reformiert worden. Der theologischen, medizinischen und juristischen Fakultät wurden eine mathematische und eine philosophische hinzugefügt.

Auch die philosophische Fakultät beschäftigte sich mit den Naturwissenschaften, theoretische und praktische Physik und Chemie gehörten zu den großen Pflichtbereichen des Studiums, auch die Geometriekurse der mathematischen Fakultät mussten von den Philosophiestudenten besucht werden. So sollte die portugiesische Universität modernisiert und auf die Naturwissenschaften ausgerichtet werden, um Ingenieure für die Entwicklung der Wirtschaft und Lehrer für die technischen Schulen bereitzustellen. In Brasilien trafen diese Angebote kaum auf Interesse. Die Präferenz der höheren Schichten Brasiliens für die Mediziner- und Juristenausbildung aus Gründen des beruflichen Prestiges und der gesellschaftlichen Einflußmöglichkeiten zugunsten der Großgrundbesitzer blieb bestehen. Nach der Ankunft des portugiesischen Königs Dom João VI wurden auch in Brasilien die ersten Fakultäten gegründet, die auf Universitätsniveau lehrten, wenn sie auch aufgrund ihrer thematischen und räumlichen Zersplitterung nicht das Format einer Universität erreichten. Den gesellschaftlichen Verhältnissen entsprechend wurde bei den Gründungen der Medizin und der Rechtswissenschaft der Vorrang gegeben, aber auch erste technische Fakultäten sollten helfen, die geplante wirtschaftliche Entwicklung zu stützen.

Die Öffnung von Handel und Gewerbe hatte eine wahre Immigrationswelle aus Europa nach Brasilien ausgelöst. In den ersten Jahrzehnten des 19. Jahrhunderts war diese Immigration von Deutschen geprägt, die hauptsächlich den Erwerb von Land und dessen Bebauung im Sinne hatten. Aber die fruchtbarsten Landstriche waren bereits verteilt und die mitgebrachten Methoden des Landbaus scheiterten auf dem nährstoffarmen brasilianischen Boden. Da unter ihnen zahlreiche Handwerker waren, begannen viele Deutsche sich mit Werkstätten oder kleinen Manufakturbetrieben zu verdingen, wenn sie nicht ohnehin als Fabrikgründer gekommen waren. Allerdings konnten sie sich in der Nähe der großen Engenhos im Nordosten des Landes keine wirtschaftliche Basis aufbauen. Neben dem ungewohnt heißen Klima, das die

Einwanderer dort vorfanden, spielte auch die Konkurrenz der von den Sklaven auf den Fazendas hergestellten Produkte eine Rolle bei der Entscheidung, sich im kühleren Süden anzusiedeln, wo das Zuckerrohr nicht gedieh. Hier bildeten sie deutsche Kolonien, in denen die Zunft- und Berufstraditionen der Handwerker fortleben konnten. Die Deutschen blieben dabei allerdings recht isoliert. Zwar konnten sie durch die Freigabe des Binnenhandels ihre Produkte in anderen Landesteilen absetzen. Aber ihre Lebensformen und damit auch die Form der patriarchalischen Ausbildung konnte die brasilianische Entwicklung außerhalb der deutschen Siedlungen nicht beeinflussen, so wie auch die brasilianische Kultur bis hin zur Sprache kaum Eingang fand in die Städte, die die Einwanderer getreu ihrer deutschen Heimat nachbauten.[30]

Die entstehenden Manufakturen Brasiliens konnten nicht wie ihre Konkurrenten in großen Teilen Europas auf die Vorbildung der Arbeiter aus Handwerksbetrieben aufbauen. In den entstehenden Eisenhütten, Gerbereien, Waffen- und Textilfabriken fehlten viele Fachkräfte. Die englischen und deutschen Ingenieure und Meister begannen daraufhin, innerbetrieblich ihre eigenen Arbeiter auszubilden. Allerdings wurden sie dabei vor große Probleme gestellt. Die deutsche Reiseliteratur dieser Zeit war voller Schilderungen der Beschwerden der europäischen Fabrikgründer und Lehrmeister über die Ungeschicklichkeit der Lehrlinge, die noch nie zuvor in einer handwerklichen Tätigkeit gebildet worden waren. Demgegenüber wurden die größtenteils vorgebildeten Schwarzen für ihre Geschicklichkeit gelobt, allerdings für ihre Unzuverlässigkeit getadelt. Systematisches Lernen war ihnen aufgrund der informellen Lernstrukturen auf den Fazendas und in den Quilombos fremd. Außerdem drückte sich diese Unzuverlässigkeit der freien Schwarzen, der Mulatten und der Weißen aus der Unterschicht dadurch aus, dass sie oft nach mehr oder weniger langer Anlernzeit die Lust verloren und den Betrieb verließen, was für die Besitzer zeitliche und damit finanzielle Verluste bedeutete. Hier verglichen die Meister ihre Lehrlinge mit denen aus Europa, die es aus der Zunfttradition gewohnt waren, in einem streng reglementierten Lehrverhältnis den Meister sowohl als fachlichen als auch als familiären und religiösen Patriarchen zu akzeptieren. Dieses Abhängigkeits- und Erziehungsverhältnis erzeugte in Deutschland eine Berufsehre unter den Zunftmitgliedern, die sich in einer hohen Betriebstreue niederschlug, welche sich bis in das industrielle Zeitalter fortsetzte. Dementsprechend entsetzt waren die nach Brasilien eingewanderten Meister, die oft aus humanistischem Ideal heraus Freie zu ihren Lehrlingen machten, als diese ihnen nach kurzer Ausbildungszeit den Rücken kehrten. Vielfach zogen sie es aus dieser Erfahrung heraus vor, in ihren Fabriken, Manufakturen und Handwerksbetrieben mit Sklaven zu arbeiten, die ihnen zwangsläufig die Treue halten mussten oder zumindest mit der Macht der Justiz zurückgeholt werden konnten.[31]

Durch die neue wirtschaftliche Orientierung war jetzt auch der Weg geöffnet für die Entstehung staatlicher Ausbildungsangebote.

Der Mangel an Fachkräften und die Schwierigkeiten bzw. das Scheitern der Bemühungen innerbetrieblicher Ausbildung wurden offensichtlich. Bereits im Jahre 1809 befahl der neue portugiesisch - brasilianische König Dom João VI die Gründung einer Fabrikschule. Die Schüler dieser Schule wurden anhand praktischer Arbeit und theoretischen Unterrichts ausgebildet, zu den bestehenden Betrieben gab es keine Verbindung. Die Krone stellte eine Anschubfinanzierung zur Verfügung, bald sollten sich die Ausbildungsstätten aber vom Verkauf der während des Unterrichts entstehenden Produkte selbst tragen. Die knappe finanzielle Ausstattung trug nicht dazu bei, die Attraktivität dieser Ausbildung zu erhöhen. Auch stellte die schulische Organisation die Anstalt vor die gleichen Schwierigkeiten, wie sie die europäischen Meister in den Betrieben hatten: Schnell verloren die Schüler das Interesse an der Ausbildung und wandten sich einträglicheren Tätigkeiten zu. Der Mißerfolg zeigte sich in häufigem Wechsel der Schuldirektoren, an den grundlegenden Problemen der Ausbildung konnte mit diesem

Austausch von Köpfen allerdings wenig geändert werden.[32]

Am 31. Oktober 1811 gab die königliche Handelskommission ein Dekret heraus, das auf einer vorausgegangenen Inspektion in der staatlichen Fabrikschule beruhte und deren Struktur verändern sollte. Die Lehrlinge sollten von nun an 6 Monate von einem Meister, dem jeweils 2 Lehrlinge unterstanden unterrichtet werden. Danach mussten sie, da sich die Schule selbst tragen sollte, weitere zweieinhalb Jahre in der Institution arbeiten. Dabei erhielten sie ein gestaffeltes Gehalt, das so berechnet war, dass die finanziellen Auslagen für die Ausbildungszeit kompensiert würden oder die Schule sogar einen Gewinn verbuchen konnte. Erst danach sollten die Absolventen eine Lehrbescheinigung erhalten und in den entstehenden Fabriken dem Aufbau einer nationalen Industrie dienen. Sollten sie vor dem Abarbeiten ihrer Ausbildungskosten der Lehranstalt fernbleiben, drohte ihnen die polizeiliche Verfolgung und die Forderung von Schadensersatz. Auch die Eltern sollten in die Ausbildung einbezogen werden, indem sie verpflichtet wurden, ihre Kinder bei Fernbleiben von der Ausbildung in die Anstalt zurückzubringen. Das väterliche Erziehungsverhältnis der mittelalterlichen europäischen Zünfte sollte hier mit der Bindung der Lehrlinge an die Meister nachgebildet werden. Allerdings basierte die Akzeptanz dieses Verhältnisses in Europa auf einer jahrhundertealten Tradition und einer religiösen Mystifizierung der Berufsehre, die sich nicht durch die Organisation der Ausbildung nach gleichem Muster herausbilden ließen. Diese Mechanismen, die die Lehrlinge der Zünfte zur Identifikationsgemeinschaft "Beruf" mit Gesellen und Meistern zusammengeschweißt hatten und in Deutschland bis weit ins Industriezeitalter eine hohe Berufstreue erzeugten, konnten im Brasilien des 19. Jahrhunderts nur ersetzt werden durch die Gewalt von Polizei und Recht und die Disziplinierung durch die Familie.[33]

Die Flucht der Lehrlinge war zum größten Problem der brasilianischen Berufsausbildung geworden. Nicht zufällig prosperierte die berufliche Ausbildung vor allem in einem Bereich, in dem diese Flucht von jeher tabuisiert und mit hohen Strafen besetzt war: Dem Militär. Bereits kurz nach der Einrichtung der Fabrikschule wurde eine Handwerkerkompanie in der Armee geschaffen, um das Militär mit den wichtigsten Gebrauchsgütern zu versorgen. Hier wurde auch bald intensiv ausgebildet, sowohl für die Kompanie selbst, als auch für die Waffenfabriken und für zivile Zwecke. Die Kompanie war durch und durch militärisch organisiert. Sie trug Uniform und folgte den gleichen Rangordnungen wie jeder andere Truppenteil auch. Die Meister bekleideten den Rang des Sergeanten und die Vorarbeiter den des Unteroffiziers. Im militärischen Disziplinverhältnis wurde eine Treue der Lehrlinge erreicht, von der die Betriebs- und Fabrikgründer in der freien Wirtschaft nur träumen konnten.

Dort machte sich das Fehlen des korporativen Berufskodex, der die Ausbildung in funktionierenden Zunftzusammenhängen prägte, bald nicht mehr nur in der bereits beschriebenen Flucht der Lehrlinge bemerkbar, sondern auch die Meister fühlten sich nicht mehr

unbedingt an tradierte Verhaltensregeln gebunden. Dadurch, dass sie im Gegensatz zu
den Meistern der staatlichen Fabrik - und Mi-
litärschulen neben ihrer Lehrtätigkeit in den
Arbeitsprozeß eingebunden waren, entwickelte sich bald ein Konkurrenzdenken gegenüber
den besten Lehrlingen und Gesellen. Warum
sollten sie ihre intimsten Kenntnisse mit
Sorgfalt vermitteln, wenn dadurch die Lehrlinge nur um so schneller ihren Platz im Unternehmen einnahmen und keine Zunft ihr
künftiges Auskommen sicherte? So hatten die
deutschen und englischen Fabrikgründer
nicht nur mit der Unzuverlässigkeit der Lehrlinge zu kämpfen sondern spätestens ab der
zweiten Ausbildungsgeneration, die nicht
mehr unter den Zunftnormen sozialisiert
wurde, auch mit der der Meister.[34]

Die staatlichen Ambitionen in der Berufsausbildung wurden angesichts der Mißerfolge der
Fabrikschule bald zurückgenommen. Auch
Pläne der portugiesisch - brasilianischen
Krone, eine Akademie aufzubauen, in der bil-
dende Künste und Handwerke gleichberech-
tigt gelehrt werden sollten, wurden schnell

fallengelassen. Diese Verbindung hätte vielleicht das Ansehen des Handwerks heben und gleichzeitig die Entwicklung seiner Ästhetik befördern können. Vielfach hatten die deutschen Reisenden beklagt, dass in den Kirchen und Gebäuden zwar verschwenderisch mit Gold und Schnörkeln umgegangen wurde, wahres Kunsthandwerk aber nicht existierte. Die Arbeiten wurden meist unsachgerecht von sehr informell ausgebildeten Sklaven ausgeführt. Auch wenn diese handwerklich talentiert waren, so fehlte ihnen aufgrund ihres Sklavenseins oft die Motivation für eine qualitativ hochwertige Ausführung der Arbeiten. Das zeigte sich deutlich am Bau der "Igreja São Francisco", der Franziskanerkirche in Salvador de Bahia: Die dort arbeitenden Handwerkersklaven verzerrten die Gesichter der von ihnen gefertigten Skulpturen, die die ihnen fremden katholischen Heiligen zeigen sollten und setzten den Engelsplastiken überdimensionierte Geschlechtsteile an. Einige wenige Freie, die sich trotz des geringen gesellschaftlichen Ansehens der angewandten handwerklichen Kunst widmeten, konnten sich mangels Ausbildungsmöglich-keiten kaum beruflich weiterentwickeln. Die staatliche Institutionalisierung der Verbin-dung von Kunst und Handwerk in Form einer entsprechenden Lehrlingsschule kam nie zu-stande und die in der Planungsphase bereits angereisten französischen Künstler und Meis-ter mussten nach langem Hin und Her unver-richteter Dinge wieder abziehen.

Statt dessen wurde von nun an die Ausbil-dung zu manuellen Tätigkeiten als Sache der Armen und Deklassierten betrachtet. 1819 wurde in einem ehemaligen Jesuitenkonvent die erste berufsbildende Schule für Waisen-kinder eröffnet, der bald zahlreiche ähnliche Einrichtungen folgten, die sich als sozialpoli-tisch sinnvoll erwiesen. Die Waisenkinder wurden von der Straße geholt, um sie einer kriminellen Karriere zu entziehen, für die sie als Straßenkinder ohne elterliche Erziehung und finanzielle Unterstützung prädestiniert gewesen wären. Für die Institutionalisierung einer staatlichen Ausbildung für die Hand-werke und Manufakturen war diese politische Strategie allerdings eher kontraproduktiv, da sie zur Stigmatisierung der gewerblichen Ausbildung beitrug. Die in den Waisenschulen gelehrten handwerklichen Fähigkeiten konnten sowohl qualitativ wie auch quantitativ nicht die Bedürfnisse der Unternehmen befriedigen, da sie eher auf soziale Befriedung ausgerichtet waren, als auf wirtschaftliche Interessen.

1821 kehrte der portugiesisch - brasilianische König Dom João VI nach Lissabon zurück und ließ seinen Sohn als Verwalter zurück, der im folgenden Jahr Brasilien als eigenständige Monarchie deklarierte. Damit reagierte er auf die immer stärker werdenden republikanischen Bestrebungen im Lande, die sich an den Freiheitsrechten der französischen Revolution orientierten. In der folgenden Politik musste der brasilianische König allerdings weiterhin Rücksicht auf die machtvollen ländlichen Oligarchien nehmen und gleichzeitig die Republikaner mit Zugeständnissen befrieden. Dies drückte sich nicht wie in Preußen in einem umfangreichen konsequenten Reformprogramm, einer "Revolution von Oben" aus, als vielmehr in einer Politik des Durch-

73

greifens, wo es möglich erschien und der Zu-
geständnisse wo es nötig war. So wurde die
Pressefreiheit anfangs stark beschränkt, die
Repression ging bis hin zur Ermordung ein-
zelner Journalisten im Auftrag des Staates.
Als die Proteste gegen dieses Vorgehen gefähr-
lich für die soziale Ordnung zu werden drohten, wurden die Beschränkungen wieder zurückgenommen. Ein ähnlicher Politikstil wurde auch im Wirtschaftsbereich angewandt.
Die wirtschaftsliberale Politik der vergange-
nen Jahre sollte fortgesetzt werden, Produktion, Export und Konsumtion sollten Brasilien
von ausländischen Produkten unabhängig
machen und durch den Abbau von Zollbarrie-
ren sollte das Land zum Handelszentrum
werden. Andererseits mussten Zugeständnis-
se an die Landbesitzer gemacht werden, die
Preise für ihren Zucker, Baumwolle und Kaffee wurden mit staatlichen Mitteln künstlich
hoch gehalten.

Die Zünfte mit ihren strengen Regelungen für
die Ausübung eines Handwerks wurden im
Rahmen dieser Politik als Hindernis für die
angestrebte freie Entwicklung der Wirtschaft

gesehen. Durch ihre spärliche Entwicklung in Konkurrenz zu den Werkstätten der Engenhos hatten sich die Handwerkskorporationen keine politische Machtstellung aufbauen können. Lediglich in für die öffentliche Gesundheit relevanten Bereichen wie der Lebensmittelverarbeitung setzten sie Qualitätsstandards in Zusammenarbeit mit der staatlichen Verwaltung durch. Ihre Ausbildungsleistung war aufgrund der geringen Anzahl organisierter Handwerksbetriebe unbedeutend und wurde wegen des fehlenden Berufsbegriffs im handwerklichen Bereich von der politischen Elite kaum als solche wahrgenommen. Deshalb konnten sich die Zünfte in der Verfassungsdiskussion ab 1823 kaum gegen die wirtschaftsliberale Richtung wehren, wie es etwa den Großgrundbesitzern möglich war. In der Konstitution von 1824 wurden sie deshalb endgültig verboten. In Deutschland hatten die Zünfte hingegen durch ihre Monopolstellung eine andere Machtbasis. Zwar wurden sie in Preußen im Rahmen der Stein-Hardenberg'schen Reformen in die Rechtsform der freiwilligen Innungen umgewandelt, diese konnten aber später viele der Privilegien und auch das Ausbildungsmonopol und die Definitionsmacht über die Berufe zurückgewinnen, da sie von konservativen Kräften immer als festigendes Ordnungselement gesehen und dementsprechend unterstützt wurden. Eine solche Lobby hatten die brasilianischen Korporationen sich nicht aufbauen können.[35]

Im Rahmen der Diskussion der Grundlagen für eine Verfassung Brasiliens wurde auch eine neue pädagogische Ausrichtung gesucht. Die technische Entwicklung sollte vorangetrieben werden, dazu sollte das Grundschulsystem ausgebaut werden, um die hohe Rate an Analphabeten zu reduzieren. Die technischen Fakultäten sollten erweitert werden und Neugründungen wurden ins Auge gefaßt. Die religiöse und gewerbliche Erziehung wurde als vorrangige Aufgabe zur "Zivilisierung" der Deklassierten, Indios und Schwarzen definiert. In der 1824 verabschiedeten Fassung der Konstitution wurde das Problem der Berufsausbildung allerdings gänzlich ausgespart. Die staatliche Berufsausbildung konnte den Handwerksbetrieben und Manufakturen deshalb kaum zuarbeiten. Durch das Verbot der Zünfte war diesen auch die Möglichkeit zur Selbstorganisation der Ausbildung genommen worden. So wurde die informelle Ausbildung, die ausgerichtet war auf den einzelnen Betrieb und in ihm durchgeführt wurde, trotz ihrer Probleme mit der Unzuverlässigkeit von Meistern und Lehrlingen zur vorherrschenden und wichtigsten Ausbildungsform für die brasilianische Wirtschaft. Durch das völlige Fehlen von Organisation und Kontrolle war diese Ausbildung allerdings sehr unsystematisch und zunehmend qualitativ mangelhaft. Die Ausbilder benötigten keinen Meisterstatus und waren oft selbst unzureichend ausgebildet. Sie bildeten ihre Lehrlinge nicht für die eigenständige Arbeit aus, um sich nicht selbst die eigene Konkurrenz zu schaffen. Die Handwerker- und Fabrikarbeiterausbildung in den Städten näherte sich in ihrer Informalität und ihrem improvisierten Charakter der Ausbildung der Sklaven auf den Engenhos an.

Neben den Zuckerrohrkomplexen hatten sich

auch Plantagen für Tabak gebildet, die ähnliche soziale Formen und auch die Ausbildung der Sklaven zu Handwerkern übernahmen. Zu Anfang des 19. Jahrhunderts begann eine dritte große Monokultur sich zu entwickeln, die des Kaffees. Millionen von Sklaven wurden eingeführt, um die im Süden des Landes entstehenden Plantagen zu bearbeiten. Damit wurde das Terrain für die deutschen Immigranten, die sich hier niedergelassen hatten, immer enger. Diese hatten sich zwar auch mit der Herstellung handwerklicher Produkte einen Namen gemacht, lebten aber hauptsächlich vom Landbau. Um die Jahrhundertwende stammte der Großteil des Schweinefleisches, Schmalz, Bohnen und Mais auf dem brasilianischen Markt aus der Landwirtschaft der deutschen Kolonien. Der Kaffee sorgte für einen Mangel an Land auch im Süden Brasiliens, die Einwanderer wurden immer weiter zusammengedrängt und die deutschen Siedlungen verstädterten sich zunehmend. Wegen ihrer fehlenden Kenntnisse im Kaffeeanbau zogen sich viele der deutschen Immigranten auf die Herstellung handwerklicher Produkte zurück. Auch wenn die Zünfte offiziell nicht existieren durften, so war doch zumindest die Ausbildung in den Immigrantensiedlungen geprägt von zünftischen oder vor-zünftischen Strukturen. Mangels Institution wurde das Meister - Geselle - Lehrling - Verhältnis wieder zurückgeführt auf die Familie. Sie war es, die jetzt die Berufsehre verteidigte und die Söhne wurden von klein auf darauf vorbereitet, einmal die Werkstatt und Werkzeuge des Vaters zu übernehmen. So setzte sich die deutsche Berufstradition in den abgeschlossenen Siedlungen wieder durch, die bald bekannt wurden für die Qualität ihrer handwerklichen Produkte.[36]

Die Krone versuchte von nun an die betriebsinterne Ausbildung in den Fabriken und Handwerksbetrieben zu stützen. Als 1926 der Aufbau eines flächendeckenden Schulsystems beschlossen wurde, führte man in der dritten Stufe der Primarschulen und in den Sekundarschulen Unterricht in Mechanik, Vermessung, Geometrie und technischem Zeichnen ein. Einerseits sollten die Schüler damit auf eine Tätigkeit in den Stahlhütten, den Textilfabriken, Handwerksbetrieben und in der Landwirtschaft besser vorbereitet sein, andererseits sollte der Unterricht - vor allem in der Sekundarstufe - das Interesse an einem naturwissenschaftlichen Studium wecken. Für die Berufsausbildung bedeutete das eine Festlegung auf die Trennung von theoretischem Unterricht in den Schulen und dem praktischen in den Betrieben. Dadurch dass diese Trennung nicht nur institutionell sondern auch zeitlich erfolgte, war der Wissenserwerb in den Schulen allerdings stark abgekoppelt von der praktischen Ausbildung. Die Bedürfnisse der Unternehmen konnten so kaum in die Lehrpläne einfließen.

Auch fehlte es den Schulen an qualifizierten Lehrern. Die entstehenden Fakultäten konnten diesen Bedarf kaum decken. Der Tradition gemäß fanden die naturwissenschaftlichen Fakultäten nur wenig Zulauf. So kam es wohl auch, dass der chemische Lehrstuhl, der 1817 in Bahia gegründet wurde und vorbereiten sollte auf Tätigkeiten in der Industrie und Landwirtschaft, schnell verkümmerte. Es verwundert nicht, dass sich am besten die

1808 in Rio de Janeiro und Bahia gegründeten Medizinfakultäten und die 1827 in São Paulo und Olinda ins Leben gerufenen Rechtsfakultäten entwickelten. Natur- und Ingenieurwissenschaften setzten sich nur durch in der 1810 geschaffenen Militärakademie, die den technischen Stab der Armee mit Fachkräften versorgen sollte. Die Absolventen dieser Akademie verblieben auch meist in der Armee, da ihr spezialisiertes militärisches Wissen kaum auf zivile Zwecke anwendbar war. So litten die technischen Zweige der Schulausbildung weiterhin an Lehrermangel und für die praktische Ausbildung in den Fabriken mussten Fachkräfte aus Europa importiert und teuer bezahlt werden. Das mangelnde Interesse an technischer Ausbildung wurde zum Entwicklungshindernis. Die industrielle Entwicklung stockte und nach Ende des Goldbooms und mit sinkenden Zuckerpreisen wurde - im Gegensatz zur Strategie der wirtschaftlichen Unabhängigkeit der Krone - der Kaffee zum bedeutendsten Wirtschaftsfaktor Brasiliens, nicht zuletzt weil für seinen Anbau nur wenige Fachkräfte gebraucht wurden. Den Großteil der Arbeit übernahmen unqualifizierte Sklaven auf den Feldern. Der Berufsbegriff blieb gebunden an die akademische Ausbildung, die jetzt die brasilianischen Fakultäten schrittweise übernahmen.[37]

Langsam änderte sich die Einstellung der politischen Öffentlichkeit gegenüber der Sklaverei. Die brasilianischen Studenten kamen mit humanistischen Ideen aus Europa zurück. Einige machten sich für die Abschaffung der Sklaverei in der Öffentlichkeit stark, die meisten allerdings hielten sich zugunsten ihrer Grund besitzenden Väter zurück. Die wirtschaftsliberal eingestellte Krone begann die Sklavenarbeit als Wachstumshindernis zu erkennen. Vielfach wurden Sklaven zu mörderischen Bedingungen eingesetzt, wo die Anschaffung von Maschinen oder auch nur Zugtieren sie ersetzen und die Produktion hätte steigern können. So verhinderte die Sklavenhaltung eine moderne technische Entwicklung. Zudem begann das verbündete England zunehmend auf einheitliche Weltmarktbedingungen und damit auch auf die Abschaffung der Sklaverei zu drängen. Auch in klerikalen Kreisen wurde die Sklaverei als die Familie und Religion korrumpierendes Übel gegeißelt. Als die Engländer schließlich die Anerkennung der brasilianischen Unabhängigkeit von der Einstellung des Sklavenhandels abhängig machten, wurde 1831 ein entsprechendes Gesetz verabschiedet. Allerdings wuchsen die Kaffeeplantagen im Süden exorbitant und die Verwaltung der Krone verfolgte aus Rücksicht gegenüber den Interessen der Großgrundbesitzer die Verstöße gegen das neue Gesetz nicht. So kam es, dass der Sklavenimport aus Afrika unvermindert weiterging.

Aber es deutete sich bereits eine Lösung für die vielen Probleme an, die sowohl Gegner als auch Befürworter der Sklaverei zufriedenstellen konnte: Die italienische Einwanderung. Sie konnte die Sklaven auf den Kaffeeplantagen schrittweise ersetzen. Bald begannen die Plantagenbesitzer, Verträge mit der Regierung zu schließen, die die Ansiedlung der Immigranten nahe ihrer Fazendas festlegten. Auch kam diese Einwanderung denjenigen entgegen, die eine Afrikanisierung des Kontinents und die Zerstörung von Religion und Familie befürchteten. Außer in der Nähe zu den Kaffeeplantagen wurden die Italiener gezielt in schwach besiedelten Gebieten angesiedelt und bildeten dort ähnliche Kolonien wie die deutschen Einwanderer. Die Siedler waren hauptsächlich arme norditalienische Landarbeiter. Sie verkörperten aber nicht wie die portugiesischen Einwanderer das Abenteurertum, sondern die Arbeitsmoral und familiäre Werte und Zusammenhalt, ähnlich wie die Deutschen. Dadurch, dass sie auf den Kaffeeplantagen arbeiteten, blieben sie allerdings nicht so isoliert wie ihre europäischen Nachbarn.

Viele der Immigranten hatten handwerkliche Vorkenntnisse und konnten als Maurer, Tischler, Gerber oder Schmiede arbeiten. Auf den Kaffeeplantagen wurden ihnen schnell diese Aufgaben übertragen und sie konnten mit den Sklaven in Austausch treten. Durch ihre moderneren Kenntnisse übernahmen sie schnell das Anlernen von Sklaven und Mischlingen für die handwerklichen Tätigkeiten auf den Fazendas. In den Kolonien schlug sich die handwerkliche Tätigkeit in den vielen Kirch- und Schulbauten, neuen Straßen, Kapellen, Friedhöfen usw. nieder. Wie in den deutschen Kolonien blühte hier das Handwerk, wie in kaum einer der anderen brasilianischen Städte. Auch hier spielten Familie und Religion bei der Disziplinierung und der Weitergabe der Kenntnisse eine große Rolle. Allerdings waren die Italiener eher bereit als die Deutschen, sich an der brasilianischen Gesellschaft zu assimilieren. Viele der Söhne der Einwanderer zogen in die Städte, wo sie mit ihrer hohen Arbeitsmoral und -disziplin und ihrer guten Vorbildung schnell Eingang in die Ausbildung der Fabriken fanden und hier sowohl die Sklaven in den qualifizierten Arbeiten ablösten, als auch die Absolventen der technischen Schulausbildung zu verdrängen begannen. Diese Entwicklung wurde zum nationalen Wirtschaftsfaktor, als 1850 - auf den politischen und militärischen Druck Englands hin - ein neues Gesetz zum Verbot des Sklavenhandels erlassen wurde, das die Krone zusammen mit der englischen Flotte diesmal auch vehement durchsetzte. Die italienische Einwanderung kompensierte von nun an den Sklavenhandel und überflügelte bald die deutsche und später sogar die portugiesische.

Um 1870 stellten die Italiener bereits den Großteil der Arbeiter auf den Kaffeeplantagen. Durch ihre Assimilationsfreudigkeit belebten sie die innerbetriebliche Ausbildung sowohl im Handwerk wie auch in den Fabriken mit ihrer religiös-familiären Arbeitsmoral. Freilich blieb diese Ausbildung besonders in den Werkstätten der Kaffeeplantagen aber auch in den italienischen Kolonien wie auch den städtischen Fabriken informell und provisorisch. Unter anderem deshalb hatten es die brasilianischen Unternehmen schwer, mit den europäischen Stoffen, Eisen, Lederwaren usw. zu konkurrieren, deren Fertigung sich schneller technisierte und deren Arbeiterschaft auf einer langen streng organisierten handwerklichen Berufetradion aufbaute.[38]

Dieses Problem wurde in der staatlichen Bildungsdiskussion bereits als solches erkannt. Auf regionaler Ebene wurde immer wieder gefordert, eine staatliche Berufsausbildung einzurichten, die sowohl theoretischen als auch praktischen Unterricht berücksichtigte und vor allem diese Ausbildung vom sozialen Status der Schüler abkoppelte. Allerdings blieb die Krone hier bei ihrer Politik, die die Berufsausbildung nach den Eingeborenen und den schwarzen Sklaven nun den Waisen und Verarmten zuordnete. In den 50er Jahren des 19. Jahrhunderts wurden zudem Berufsschulen für blinde und später für taubstumme Kinder eingerichtet. 1874 verfügte die Krone die landesweite Schaffung von Asylen für Straßenkinder, von denen das erste 1875 in Rio de Janeiro den Betrieb aufnahm. Kinder von 6 bis 12 Jahren sollten hier eine grundlegende Schulbildung bekommen und dann zu Buchbindern, Schneidern, Tischlern, Drechslern, Klempnern, Metallarbeitern, Schlossern und Schustern ausgebildet werden. Diese staatlichen Ausbildungsformen kamen über ihre sozialpolitische Funktion kaum hinaus. Die Handwerke und Fabriken konnten sich deshalb nur auf ihre eigene informelle betriebsinterne Ausbildung stützen, die in theoretischer Hinsicht meist nur auf die neu eingeführten technischen Anteile der Schulbildung aufbaute. Allerdings zog es der Großteil derer, die diese Schule abgeschlossen hatten weiterhin vor, eine höhere Bildung in nicht - technischen Fächern anzustreben.

Bei einer Rate von etwa 10 Schülern pro 1000 Einwohner im Jahre 1877 musste die Analphabetenrate groß bleiben. Wer es sich leisten konnte, eine der teuren Sekundarschulen zu besuchen, war von vornherein privilegiert und damit auch für ein Studium der Medizin oder Rechtswissenschaft prädestiniert. Aber auch die wenigen Unterschichtskinder, die es zu einem guten Schulabschluss brachten, hatten vorwiegend ein Ziel: Das 1837 gegründete Colégio Pedro II und die daran anschließenden Fakultäten. Eine Ausnahme bildeten die Kinder der italienischen Einwanderer. Allerdings waren diese Immigranten keine Handwerker im Sinne des deutschen Berufskonzepts, sondern kompensierten eher saisonal bedingte Arbeitspausen der landwirtschaftlichen Produktion durch handwerkliche Tätigkeiten. Letztere qualifizierten sie aber für den Anlernprozeß in den Manufakturen. Mit dem starken Anstieg der Einwanderung in Brasilien nach der endgültigen Abschaffung der Sklaverei bildete sich aus den italienischen und später auch den japanischen Immigranten ein Arbeitskräftepotential, das mit seiner Vorurteilslosigkeit gegenüber manueller Arbeit und der hohen Arbeitsmotivation ein wichtiger Faktor für die beginnende industrielle Entwicklung werden sollte. Die Einwanderer waren in ihrem Aufstiegswillen und ihrer persönlichen Freiheit offen für technisch - manuelle Berufskonzepte.[39]

VII. Das Ende der Sklaverei und die erste Republik:

Die Akademisierung des Berufsbegriffes der brasilianischen Elite

Die von der Monarchie 1888 befreiten - überwiegend schwarzen - Sklaven verließen zum größten Teil die Engenhos im Nordosten und die Kaffeeplantagen im Süden des Landes. Sie wanderten in die Städte oder zogen sich zurück in die Quilombos des Hinterlandes, wo sie schwarze Kolonien bildeten. Hier lebten sie auf Subsistenzniveau, aufbauend auf ihren auf den Engenhos erworbenen Kenntnissen in der Landwirtschaft und im Handwerk. Familie und Beruf stellten hier ein Gegenmodell zum Sklavendasein dar, das gegen äußere Einflüsse verteidigt wurde. In den Städten des Südens wurden die befreiten Sklaven schnell verdrängt von den italienischen Einwanderern, die sich mit ihren handwerklichen Kenntnissen, ihrer hohen Arbeitsmoral und einer relativ hohen Alphabetisierung schnell ihren Platz in den Betrieben eroberten. Auch auf den Kaffee - Fazendas trugen die italienischen Immigranten zur Belebung der Produktion bei. Hier hatten sie nicht nur den Vorteil der familiären Moral und Vorbildung, sondern auch den, vielfach bereits im Austausch mit den Sklaven gestanden und sich deren Kenntnisse angeeignet zu haben.[40]

Über das Colégio Pedro II, das unter persönlicher Aufsicht und Fürsorge seines Namensgebers, des Königs, stand, hatte sich eine neue brasilianische Elite gebildet. Hier und in den bekannten Sekundarschulen in den größeren Städten erhielten die Söhne der Großgrundbesitzer, aber auch viele begabte Mischlinge aus den Städten und aus dem Hinterland eine humanistische Ausbildung, die ihnen die Lehrer mit dem Rohrstock einbleuten. Wer die körperlichen und - angesichts meist fehlender Lehrmethodik und sturen Auswendiglernens von Daten und Regeln oft auch geistigen - Qualen dieser Ausbildung überstanden hatte, fand problemlos Eingang in die neu entstandenen brasilianischen Fakultäten. In diesem Weg verkörperte sich die "formação profissional", die brasilianische Berufsausbildung. Handwerke und die manuellen Tätigkeiten in den Fabriken wurden nicht als Ausübung eines Berufes wahrgenommen. Deshalb konnte es auch keine gewerbliche Berufsausbildung als "formação profissional" geben. Wenn diese Berufsausbildung überhaupt außerhalb der Sozialpolitik diskutiert wurde, so wurden weder die Äquivalente zum deutschen "Beruf" (profissão) noch zu "Ausbildung" (formação) benutzt, sondern von "ensino industrial", in etwa "industrieller Unterricht", gesprochen. Dieser "ensino profissional" entsprach in seinen Inhalten und der Ausrichtung auf gewerbliche Arbeitsfelder qualitativ der deutschen Berufsausbildung. Konzeptionell und begrifflich allerdings erreichte er nicht deren Qualität: "ensino" bezog sich eher auf die Weitergabe von Informationen und Wissen vom Lehrer an den Schüler und beinhaltete kaum Verarbeitung dieses Wissens, Vorbereitung auf dessen eigenständige Anwendung und persönliche und berufliche Bildung der Persönlichkeit, wie der Begriff

"formação" dies tat. Der Berufsbegriff (profissão) wurde durch die Angabe des Arbeitsgebietes, für das die Lehre ausbilden sollte -
"industrial" - ersetzt. Der Begriff "formação
profissional" wurde damit ein höchst elitärer
Begriff, der sich eher bezog auf die Absolventen der akademischen Fakultäten.

1874 war mit der Ausdifferenzierung der Escola Politécnica aus der Militärakademie erstmals eine zivile technische Fakultät auf Universitätsniveau entstanden. Die hier ausgebildeten Ingenieure sollten ihren Beruf finden
in den Organisationsinstanzen der entstehenden Industrie und als Lehrer die informelle
Ausbildung in den Betrieben koordinieren. Sie
verkörperten einen völlig anderen sozialen
und fachlichen Status als der deutsche Meister. Sie waren nicht in der Praxis der Handwerke ausgebildet und verkörperten eine
theoretisch - fachliche Autorität im Gegensatz
zur handwerklich - praktischen und patriarchalischen Autorität der Meister. Nach der
Gründung der Republik erlangten die brasilianischen Ingenieure ein gesellschaftliches
Prestige, das dem der Juristen und Mediziner

glich, indem sie in die Aufsichtsräte von Unternehmen berufen wurden, die an die neu geschaffene Börse gingen. Hier übertrugen sie den meist fiktiven Aktiengesellschaften, die nur mit dem Ziel der Spekulation gegründet worden waren, ihr Bildungsprestige als Universitätsabsolventen und wurden dafür fürstlich entlohnt. Eher selten dienten die Absolventen der Escola Politécnica wirklich technischen Zwecken in den ehrenwerten Industrieunternehmen oder als Lehrer in den beruflichen Schulen. Als die Börsenspekulation bald wieder abflaute und die Ingenieure ihre gut bezahlten Posten verloren, sank auch das Ansehen ihres Berufes wieder deutlich unter das der Mediziner und Juristen. Viele von ihnen wandten sich diesen prestigereichen Zweigen zu, wo sie aufgrund ihrer elitären Ausbildung am Colégio Pedro II schnell Zugang fanden oder verdingten sich als Lehrer in den technischen Fächern der Sekundarschulen und Fakultäten. Die industrielle Berufsausbildung konnte deshalb von der Entstehung der technischen Fakultäten kaum profitieren.[41]

Die 1889 ausgerufene Republik setzte die auf wirtschaftliche Entwicklung des Landes orientierte Politik der Monarchie mit erhöhtem Tempo fort. Ihre Funktionsträger rekrutierten sich hauptsächlich aus der in den Colégios, den Fakultäten und auf der Militärakademie gebildeten technischen Elite. Doch bald fanden auch die alten Eliten der Monarchie wieder Zugang zur Macht. Dies konnte geschehen, da sie mit den neuen Machthabern übereinstimmten in ihrer positivistischen Fortschrittsgläubigkeit auf ökonomischem Gebiet und ihrem Sinn für soziale Ordnung, den die einen aus dem Wertkonservatismus der Monarchie mitbrachten und die anderen aus der strengen Ausbildung, die sie unter der Krone genossen hatten, die sie aber gleichzeitig für die Ideen des republikanischen Systems geöffnet hatte.

Unter ihnen entwickelte sich ein wahrer Bildungsenthusiasmus, der sich in der Gründung vieler Schulen und neuer Fakultäten niederschlug. Hierzu gehörten, neben der obligatorischen Medizin und Rechtswissenschaft auch die 1896 gegründete Ingenieurschule von Porto Alégre und die polytechnische Schule von Bahia sowie ab 1900 die polytechnische Schule São Paulo und ab 1905 die Freie Ingenieurschule von Pernambuco. Diese Gründungen erfolgten weniger aus einem ökonomischen Bedarf heraus, als aus einer Ideologie, die die Bildung als Motor der brasilianischen Entwicklung betrachtete. Die Ingenieure fanden aber kaum Zugang zu der noch primitiven Industrie, die immer noch geprägt war von den europäischen Gründern und ihren Meistern. Diese bildeten sich ihre Vorarbeiter und Facharbeiter selbst aus, vielfach reichte der archaischen Produktionsweise noch eine kurze Anlernzeit, begleitend zur Arbeitsaufnahme.

Zur Entstehung eines Berufsbildungssystems im deutschen Sinne gab es deshalb noch keine genügenden ökonomischen Voraussetzungen. Auch die in Deutschland vorhandenen traditionellen semantischen Voraussetzungen fehlten, der Berufsbegriff war auf die Hochschulbildung fixiert und die Handarbeit als schwarz und minderwertig klassifiziert. So gab es zwar einige Konzepte von Berufsaus-

97

bildung, die meist aus regionalen politischen Gremien der Städte im Süden des Landes kamen, in denen sich durch die industrielle Entwicklung ein Bedarf an einer beruflichen Qualifizierung zwischen rein praktischem Anlernen und der rein theoretischen Fakultätsausbildung andeutete. Diese Ideen konnten sich aber zunächst nicht im Nationalkongreß durchsetzen. Dort wurde die Berufsausbildung weiterhin als Sache der Benachteiligten, Behinderten und Waisen gesehen. Zwar wurde eine technische Bildung des brasilianischen Volkes im Gegensatz zur traditionellen humanistischen Bildung als Notwendigkeit für die moderne Entwicklung verfochten. Allerdings schlug sich der Bildungsenthusiasmus nur in der Hinzufügung von technischen Anteilen in der Sekundarschulbildung nieder, die automatisch zu den Fakultäten führte.[42]

Wie schwer sich die in den humanistischen Sekundarschulen und Fakultäten der Monarchie gebildete brasilianische Regierungselite mit der Begrifflichkeit um die Berufsausbildung tat, zeigte ein Antrag der Abgeordnetenkammer an den Senat im Nationalkongreß von 1906. In der Abgeordnetenkammer saßen die gewählten regionalen Eliten. Die handwerklich und industriell geprägten Regionen des Südens waren hier bereits mit Abgeordneten vertreten, die die Interessen der Produktion und damit auch der Berufsausbildung berücksichtigen mussten, wollten sie ihr Wählerklientel zufriedenstellen. Der Senat sollte dem erwähnten Antrage nach den Präsidenten autorisieren, ein Finanzbudget für die Errichtung "technischer und beruflicher und elementarer Schulen" (escolas técnicas e profissionais e elementares) zur Verfügung zu stellen. In der entsprechenden Sitzung entbrannte eine Diskussion darüber, was denn diese technischen beruflichen und elementaren Schulen eigentlich darstellen sollten. Die abgeordneten Antragsteller schienen sich darüber selbst nicht ganz im Klaren zu sein und definierten den Beruf (profissão) als Ausübung einer physischen Aktivität in Produktion und Arbeit.

Daraufhin wurde ihnen von Senat vorgeworfen, dass in diesem Fall technische und berufliche Ausbildung eine Redundanz darstellen würden. In ihrem Eifer für die Schaffung von Bildungsinstitutionen als Modernisierungsfaktor für die brasilianische Gesellschaft wandten die Antragsteller den Begriff "profissão" auf die geplante gewerbliche Berufsausbildung an, ohne dass dieser ein traditionelles Fundament hatte und mussten zwangsläufig beim Senat, dessen politische Eliten keinen Berufsbegriff für die technisch - manuelle Produktionsarbeit hatten, auf Unverständnis stoßen. Damit entleerten sie "Profissão" jeglichen Sinns, sowohl im Sinne des deutschen "Beruf" wie auch im hochschulbezogenen brasilianischen Sinne. Der deutsche Berufsbegriff war fixiert auf die Ausübung einer hoch spezialisierten und eng abgegrenzten Tätigkeit und eher auf die Handwerke bezogen. Hier allerdings sollte lediglich der Begriff der industriellen Ausbildung ersetzt werden, die geplanten Schulen sollten Landbebauung und Handwerke lehren und Übungen zur Entwicklung der Körperkräfte ausführen ohne die Lehrlinge für ein bestimmtes Handwerk auszubilden. Sie konnten also bestenfalls eine vorberufliche Ausbildung leisten.

Hier deutete sich an, dass Frankreich bei den Überlegungen als Vorbild diente. Die brasilianischen Eliten hatten durch ihre positivistische Ausbildung am Colégio Pedro II eine Nähe zum politischen und auch pädagogischen Denken Frankreichs. Ihre Kindheit war oft geprägt von den technisch - utopischen Romanen Jules Vernes und sie waren begeistert von den Leistungen der modernen Technik, die diese Utopien zu verwirklichen schienen. So wollten die Eliten unter anderem durch die Einführung einer entsprechenden Berufsausbildung dazu beitragen, dass Brasilien an die technische Entwicklung Englands, Frankreich und Deutschland anschließen könne. Allerdings erreichten die Ideen nicht die Qualität eines polytechnischen Konzepts für die Berufsausbildung, wie es die französischen Ecoles d'apprentissage verkörperten. Zu holzschnittartig war die Übernahme von europäischen Ideen ohne Anpassung an die brasilianischen Verhältnisse. Der Begriff "profissão" war für die Gegner der Berufsausbildung im brasilianischen Senat auf deren eigene Tätigkeit und akademische Ausbildung bezogen, konnte also im Zusammenhang mit physischer Tätigkeit kaum Form annehmen und musste in seiner ausgehöhlten Form für diese politischen Eliten unverständlich werden. So konnte das Schulprojekt, auch als die Bundesstaaten eine Beteiligung an der Finanzierung anboten, keinen Anklang finden und wurde abgelehnt.[43]

Indes wuchs die Industrialisierungsrate Brasiliens stark an. Hatte es bei der Proklamation der Republik 636 Industriebetriebe gegeben, wurden 20 Jahre später schon fast 4000 gezählt. Auch die Länge des Streckennetzes der Eisenbahn, mit deren Ausbau die Monarchie begonnen hatte, hatte sich in dieser Zeit mehr als verdreifacht. Die Strecken wurden von englischen, französischen und nordamerikanischen Unternehmen betrieben, die so den Transport des Kaffees und der Industriegüter zu den Häfen und in abgelegene Regionen übernahmen. Die Maschinen und Lokomotiven wurden aus Europa und Nordamerika importiert. Ihre Bedienung erforderte zunehmend qualifizierte Arbeiter, die nur schwer in kurzer Zeit anzulernen waren. Mit dem Anstieg der Unternehmungen hatte sich hier eine Lobby gebildet, die zunehmend politischen Einfluß nahm und europäische Berufskonzepte in die Diskussion einbrachte, die abgekoppelt waren von Sekundarschule und Fakultäten, was allerdings wie gezeigt zu gravierenden Verständigungsschwierigkeiten führte. Zudem hatte die Freilassung der Sklaven und die beginnende Maschinisierung von Kaffeeproduktion und -transport zu einer Ansammlung von Beschäftigungslosen - vor allem wenig gebildeten Schwarzen und Mulatten - in den Städten geführt. Hier versprach eine technische Ausbildung auf mittlerem Niveau die Möglichkeit der Absorption dieser Masse durch die Industrie und damit die Beseitigung eines sozialen Problems und möglichen Unruheherds.[44]

Mit dieser Zielsetzung wurden schließlich 1910 in jedem Bundesstaat Escolas de Aprendizes Artifizes gegründet. Der umstrittene Berufsbegriff und auch der der Ausbildung wurden hier in einer Namensgebung vermieden, die sich in etwa mit "Handwerkliche Lehrlingsschulen" übersetzen läßt. Das polytechnische Konzept der französischen Ecoles d'apprentissage paßte sich gut in die brasilianische Gesellschaft ein, die in der handwerklichen Ausbildung nie auf ein Berufskonzept fixiert war, das erst vom polytechnischen Ausbildungskonzept hätte überwunden werden müssen. Bis zur Umsetzung dieser Konzeption in Brasilien war allerdings eine mehrjährige Diskussion im Nationalkongreß nötig gewesen, in der sich der Bildungsenthusiasmus der brasilianischen Elite mit den Anforderungen und den Berufskonzepten der regionalen Wirtschaft vermengt hatte, was schließlich zur Institutionengründung führte. Dabei vermischten sich die Berufskonzepte der hauptsächlich ausländischen Unternehmensgründer mit den positivistischen Leitbildern der brasilianischen Elite. Soziale Ordnung und wirtschaftlicher Fortschritt spiegelten sich gleichermaßen in der Konzeption der Escolas de Aprendizes Artifizes wider. Sie sollten die proletarisierten Schichten der Städte absorbieren, die sich zusammensetzten aus befreiten Sklaven und den Söhnen der italienischen Einwanderer, die hier, frei von der

104

Disziplinierung durch die Familie, sich auch von ihrer Arbeitsethik zu befreien und ins kriminelle Milieu abzurutschen oder sich revolutionär zu organisieren drohten. Gleichzeitig sollte die Erziehung in den Lehrlingsschulen vorbereiten auf den Einsatz in der Industrie, die durch den Zustrom qualifizierter Arbeiter einen Wachstumsschub erhalten würde.

Allerdings setzte sich das Berufskonzept der europäischen Fabrikgründer anfangs bei der Ausgestaltung der Ausbildung der Escolas de Aprendizes Artífizes gegen das eher polytechnische Konzept der brasilianischen Elite durch. Der Einfluß der Unternehmen zeigte sich in der Ausrichtung auf die lokal vorhandenen Betriebe. Auch fand hier eine im deutschen Sinne berufliche Ausbildung statt, denn nach dem Erlernen von grundlegenden Fähigkeiten, mussten sich die Lehrlinge auf ein bestimmtes Handwerk spezialisieren. Das unterschied die Escolas de Aprendizes Artífizes von der 100 Jahre zuvor gescheiterten Fabrikschule und auch von den nur einige Jahre zuvor kursierenden Entwürfen für die

Einrichtung der "technischen und beruflichen und elementaren Schulen". Allerdings musste man bald feststellen, dass das schulische Niveau der sich immatrikulierenden Schüler so gering war, dass die geplante Ausbildung von Vorarbeitern als Vorstufe zur schulischen Meisterausbildung bald aufgegeben werden musste.

Die Meister wurden meist direkt aus den Handwerksbetrieben und Fabriken rekrutiert und trugen dadurch im Gegensatz zu den an den Sekundarschulen lehrenden Ingenieuren die Züge der Meister der europäischen Korporationen. Durch ihre feste Anstellung in den Schulen waren sie dem Konkurrenzdruck gegenüber ihren eigenen Lehrlingen entledigt und konnten ihr Wissen freizügig weitergeben, soweit das die Bildsamkeit der Lehrlinge zuließ. Allerdings mussten sie bis zu 30 Lehrlinge betreuen, wodurch sich kaum die patriarchalische Autorität der Zunftmeister nachbilden konnte. Deshalb hatten die Schulen mit hohen Abbruchquoten zu kämpfen. Um diesen Effekt zu mildern, wurde ab 1911 den Lehrlingen ein festes Gehalt gezahlt, von dem sie einen Teil in eine Solidarkasse einzahlen mussten. Auch der Überschuß der Verkaufserlöse der während der Ausbildung produzierten Güter - von denen sich die Schulen finanzieren mussten - wurde hier deponiert. Am Ende der Ausbildung bekamen die Absolventen einen Anteil aus der Solidarkasse ausbezahlt, zusammen mit den für ihren Beruf notwendigen Werkzeugen. Der mittelalterliche Ritus der Werkzeugübergabe und die Ausbezahlung der Lehrlinge am Ende der Ausbildung verfolgten zweierlei: Sie sollten die Lehrlinge an die Schule binden und das frühzeitige Abbrechen der Lehre verhindern und außerdem eine Basis an Kapital und Produktionsmitteln schaffen, die es den Absolventen ermöglichte, einen eigenen Handwerksbetrieb zu eröffnen. Die Werkzeuge symbolisierten eine Berufsehre und -treue, die die ausländischen Meister in ihren brasilianischen Lehrlingen so vermißten.[45]

Während sich in Deutschland die Handwerksinnungen restauriert und die Berufsausbildung auch der entstehenden Industrie mit ihren Berufskonzept geprägt hatten, entwickelte sich diese Ausbildung in Brasilien zweigleisig. Einerseits wurde mit den Escolas de Aprendizes Artífizes eine staatlich reglementierte - wenn auch kaum finanzierte - Institution geschaffen, die in ihrer Ausbildung nach europäischem Berufe-Muster auf ein bestimmtes Handwerk vorbereitete. Erstmals wurde hier auch in der Diskussion der Begriff "Profissão" verwendet, der allerdings in seiner Inanspruchnahme für die gewerbliche Berufsausbildung keine gesellschaftliche Basis hatte. Andererseits gab es die direkte Ausbildung von Lehrlingen in den Handwerksbetrieben, Manufakturen und Betrieben, die zwar anfangs von ihren oft deutschen und englischen Gründern nach dem Muster ihrer Heimatländer betrieben wurde, aber in der frühen Phase der Industrialisierung und Automatisierung ihren beruflichen Charakter nahezu verloren hatte. So erhielten nur noch wenige Fachkräfte eine Spezialausbildung, der Großteil der Arbeiterschaft wurde nur noch im Arbeitsprozeß angelernt und war jederzeit in anderen Bereichen einsetzbar aber auch immer durch einen anderen Arbeiter ersetzbar. Dies war möglich, da die brasilianische Industrie sich vor allem in wenig technologisierten Bereichen entwickelte, etwa in der Stahlherstellung, Ledergerberei und Textilherstellung. Trotzdem nahm diese Ausbildung immer noch einen großen Stellenwert gegenüber den staatlichen Schulen ein, die längst nicht genug Arbeitskräfte für die wachsende Industrie bereitstellen konnten. Während in Deutschland die Industrieunternehmen begannen, sich nach dem Muster der Handwerksinnungen eigene Berufskonzepte zu schaffen, gab es diese Entwicklung in Brasilien vor dem ersten Weltkrieg kaum.

Mit dem Beginn des Krieges versiegten die Absatzmärkte für den brasilianischen Kaffee und auch der Import von Industriewaren wurde immer schwieriger. Die Regierung erhöhte ihre Anstrengungen, ausländisches Kapital und Know - How nach Brasilien zu bringen. Neben den staatlichen Subventionen bot sich Unternehmensgründern hier die Möglichkeit, sich durch ihre Monopolstellung während des Krieges eine starke Konkurrenzposition für die kommenden Friedenszeiten

aufzubauen. So verdoppelte sich die Indust-
riedichte Brasiliens in den Jahren von 1915
bis 1919. Auch die Qualität dieser Industrie
veränderte sich. Um von Importen unabhängig zu sein, wurde von der Regierung vor allem die Ansiedlung von höher technologisierten verarbeitenden Industrien gefördert. Viele
der hauptsächlich italienischen Landarbeiter,
die auf den Kaffeeplantagen freigesetzt wurden, zogen mit ihren Familien in die Städte.
Hier bildeten sie mit ihren handwerklichen
Vorkenntnissen ein großes Arbeitskräftere-
servoir für die sich ansiedelnden Industriebetriebe. Die Unternehmer erkannten bald die
familiäre Arbeitsmoral der Italiener und beschäftigten gern Väter zusammen mit ihren
Söhnen im gleichen Arbeitsbereich, was ihnen
eine hohe Arbeitsdisziplin und die nötige Betriebstreue für eine Ausbildung versprach. So
arbeiteten sich die Söhne der italienischen
Immigranten schnell in die innerbetriebliche
Ausbildung und stiegen danach in den Fach-
arbeiterkreis auf.

Die Industrie konnte hier selbst nach eigenem
Belieben eine Ausbildung installieren, die al-

lein ihren Anforderungen und Standards unterlag, damit allerdings weder einen rechtlichen Status noch die soziale Anerkennung als Ausbildung für einen Beruf erlangte. In Deutschland übernahmen zu dieser Zeit die Industrie- und Handelskammern die Berufsausbildung für die Industrie. Auch hier wurden die Berufe - im Gegensatz zu den von den Innungen verkörperten - konstruiert, allerdings entwickelten sich wie in den Innungen feste Verfahrensregeln für die Ausbildung, die es den brasilianischen Fabriken kaum gab. Die innerbetriebliche Ausbildung in Brasilien konnte durch fehlende staatliche Angebote und das Verbot der Zünfte nur schwer Strukturen aufbauen. Im Vergleich zur institutionalisierten Ausbildung der Kammern und Innungen in Deutschland kam diese Ausbildung kaum über ein informelles Anlernen hinaus. Durch den Mangel an organisatorischen Alternativen wurde dieser informelle innerbetriebliche Anlernprozeß aber zur wichtigsten Form der Berufsausbildung in Brasilien.[46]

Die staatliche Berufsausbildung konzentrierte

sich unterdessen weiter auf die Deklassierten der Städte und orientierte sich an den Berufsbildern des Handwerks, die für die Industrie zunehmend die Relevanz verloren. Die als Lehrer beschäftigten Meister hatten keinen Bezug mehr zu den Fabriken, viele ihrer Lehrlinge machten sich nach dem Ausbildungsabschluss mit einem kleinen Handwerksbetrieb selbständig. Die zudem relativ geringe Zahl der Absolventen machte die Ausbildung in den Escolas de Aprendizes Artífizes für die Industrie irrelevant, die deshalb 1919 neu gestaltet werden sollte. Das minimale Eingangsalter wurde auf 10 Jahre heruntergesetzt und der allgemeinbildende Ausbildungsanteil der vorher nur zur Ergänzung der Lehre für Analphabeten bestanden hatte, wurde für alle Lehrlingen in den ersten Lehrjahren obligatorisch.[47]

Offensichtlich sollte die Primarschulbildung, an der sich weniger als ein Drittel der Kinder im schulfähigen Alter beteiligten, in die Berufsausbildung integriert und auf diesem Wege das polytechnische Ausbildungskonzept der brasilianischen Elite verwirklicht werden.

Das versprach eine höhere Attraktivität einer grundlegenden Allgemeinbildung, die in Folge einen Abschluss bot, der den Wert auf dem Arbeitsmarkt steigerte. Gleichzeitig wurde so eine Entlastung des regulären Primarschulunterrichts erreicht, der ohnehin von den weniger bemittelten Schichten schnell abgebrochen wurde, um mit einem Eintritt der Kinder ins Arbeitsleben den Familienhaushalt zu entlasten. In den Escolas de Aprendizes Artífizes bot sich im Gegensatz dazu die Möglichkeit, eine Allgemeinbildung verbunden mit der beruflichen zu erhalten und gleichzeitig an den finanziellen Erlösen der eigenen Arbeit beteiligt zu sein. Diese Verschulung der Ausbildung machte sich bald auch im praktischen Teil bemerkbar. So wurden die Meister bald nicht mehr direkt aus Handwerken und Industrie rekrutiert, sondern die 1920 für den Regierungsdistrikt von Rio de Janeiro gegründete Meisterschule "Venceslau Brás" wurde zur Ausbildungsstätte des Lehrpersonals für die Escolas de Aprendizes Artífizes der gesamten Republik gemacht. Die Ausbildungszeit stieg von 4 auf 6 Jahre und alle angehenden Meister mussten von nun an Portugiesisch, Staatsbürgerkunde, industrielle Geographie, Geschichte und Mathematik, technisches Zeichnen, Physik und Elektrotechnik, Industriechemie, Naturgeschichte, Arbeitshygiene, Pädagogik, industrielle Kostenrechnung, Stenographie, Maschineschreiben, Technologie und Industriemechanik lehren. Damit sollte die Ausbildung besser auf die Bedürfnisse der Industriebetriebe abgestimmt werden. Mit der neuen Ausbildung verloren die "Mestres" der Escolas de Aprendizes Artífizes den Charakter der europäischen Meister, die jeweils einen traditionellen Handwerksberuf und eine langjährige praktische Berufserfahrung verkörpert hatten und wurden zu einer Art Lehrer- Ingenieuren.[48]

Hier kündigte sich die endgültige Auflösung der von den europäischen Handwerksmeistern, Manufaktur- und Fabrikgründern der ersten Stunde importierten handwerklichen Berufskonzepte an. So wage wie sie durch die fehlende Institutionalisierung - wie etwa in Form der Innungen in Deutschland - blieben, so schnell lösten sie sich zugunsten polytech-

114

nischer Konzepte wieder auf, als die Industrialisierung andere Anforderungen an die Qualifikationen der Arbeiter stellte, die von der technokratischen Staatselite umgesetzt wurden. Dieser Prozeß beschleunigte sich in den 30er Jahren des 20. Jahrhunderts unter der Präsidentschaft von Getúlio Vargas.

VIII. Populismus und Arbeiterwohlfahrt:

Technisierung und Berufsausbildung

Die brasilianische Industrie erwirtschaftete zum Ende der 20er Jahre bereits mehr als die Landwirtschaft. Trotz dieser zunehmenden Industrialisierung traf die Weltwirtschaftskrise 1929 das Land, das immer noch vom Export seiner regionalen Monokulturen von Kaffee, Kautschuk, Zucker, Tabak und Baumwolle abhängig war, besonders stark. Verschiedene revolutionäre Bestrebungen erschütterten die Macht der Republik, bis schließlich die "Liberale Allianz" unter Getulio Vargas mit Hilfe von Teilen des Militärs, die ihn als Ordnungsfaktor und charismatische Führungspersönlichkeit schätzten, die Macht übernahm. Zwar hatte Vargas' Partei die vorangegangenen Wahlen verloren, allerdings wurde seine Machtübernahme vom Großteil der Bevölkerung, die Analphabeten waren und damit von den Wahlen ausgeschlossen, kaum als Putsch wahrgenommen. Vielmehr hatte er mit seinem nationalistischen Programm, das wirtschaftlichen Aufschwung, Bildung und Wohlstand für die Armen versprach viele Hoffnungen bei der Land- und Industriearbeiterschaft geweckt.

Die Arbeiterschaft sollte neue Rechte genießen, die allerdings im Sinne des Staates von den ständig kontrollierten Gewerkschaften umgesetzt wurden. Das gesamte Arbeitsleben der brasilianischen Bevölkerung sollte umfassend verrechtlicht und bürokratisiert werden. Es wurden Arbeitsbücher ausgegeben, in denen Beschäftigungsverhältnisse eingetragen und deren Besteuerung dokumentiert wurde. Die Verwaltung dieser Arbeitsbücher, die Überprüfung der Qualifikationen, Fragen der Weiterbildung usw. sollten die Berufsverbände übernehmen, die zu "Conselhos" - Räten des jeweiligen Berufs gemacht wurden. Die Verbände der Mediziner und Juristen funktionierten bereits seit langer Zeit in der Interessenvertretung ihrer Mitglieder. Sie konnten ohne Probleme die ihnen zugedachten organisatorischen Aufgaben übernehmen. Auch für andere akademische Berufe bildeten sich bald entsprechende Conselhos heraus. Für die Handwerke und manuelle Tätigkeiten überhaupt hatte es allerdings seit dem Verbot der Zünfte 1824 keinerlei Berufsorganisationen mehr gegeben. Wegen der Prägung des brasilianischen Berufsbegriff durch die akademische Ausbildung war eine Bildung eines Conselhos für die gewerblichen Berufe - die ja im öffentlichen Bewußtsein gar nicht existierten - nicht vorgesehen. Auch war die Aufnahme der manuell Tätigen in die akademischen Berufsverbände des gleichen Arbeitsgebietes kaum denkbar, da etwa die Architekten, die zusammen mit den Maurern organisiert worden wären, sich mit diesen auf die gleiche Stufe gestellt gefühlt hätten, was angesichts des unterschiedlichen gesellschaftlichen Prestiges unvorstellbar war.[49]

Mit dem Zugestehen von neuen Rechten und der bürokratischen Organisation der Industriearbeiterschaft sollte der Arbeiterbewegung ihre Grundlage entzogen werden, in der späteren Phase der Vargasherrschaft wurde sie auch mit repressiven Mitteln verfolgt und aus dem gesellschaftlichen Leben verbannt. Aufgrund der regional auf wenige Zentren konzentrierten industriellen Entwicklung Brasiliens hatte die Arbeiterbewegung nie umfassende Strukturen aufbauen können und es fehlte ihr die gesellschaftliche Basis, sich gegen die Vereinnahmung der Arbeiterschaft durch die populistisch - autoritäre Regierung zu wehren. Die sozialistischen und kommunistischen Parteien und die Gewerkschaften orientierten sich bildungspolitisch am Konzept der polytechnischen Sowjetschule. Alle Kinder sollten die gleiche Schulbildung genießen, die ausgerichtet war auf die Erkenntnis von Natur und Technik und die Anwendung dieses Wissens auf den Produktionsprozeß. An diese polytechnischen Schulen sollten technische Berufsschulen anschließen, die in enger Zusammenarbeit mit den Betrieben nach den Bedürfnissen der Nation ausbildeten. Die polytechnischen Ideen der Sowjetunion, die hier übernommen wurden, gewannen nie die Form konkreter Konzepte, die an die brasilianische Situation angepaßt waren. Mit der Machtübernahme Vargas' setzte ein

Überlebenskampf der Arbeiterbewegung ein, der keine Zeit ließ für Bildungspolitik.

Das populistische Programm Vargas' musste Auswirkungen auf die Organisation der beruflichen Ausbildung haben, konnte sie aber nicht nur unter wirtschaftlichen und erzieherischen Aspekten gestalten. Auch ideologische und politisch - strategische Momente flossen ein. Es sollte ein zentralisiertes Bildungssystem entstehen, das die Berufsausbildung in die staatliche Schule eingliederte unter der Prämisse, Basisqualifikationen zu vermitteln, die dann nach den Bedürfnissen der Industrie angewandt oder in Weiterbildungen spezialisiert werden konnten. Die "Bachareis", die allgegenwärtige an den juristischen Fakultäten gebildete brasilianische Elite sollte zurückgedrängt und durch staatstreue Techniker und Ingenieure ersetzt werden. Damit sollten sowohl die auf die Fakultäten bezogene Berufsdefinition der brasilianischen Oberschicht wie auch die informelle innerbetriebliche Ausbildung, die die Qualifikation in den brasilianischen Wirtschaftsunternehmen bestimmte, aufgelöst werden und ein neues polytechnisches Bildungskonzept sollte der Industrialisierung des Landes im Rahmen eines nationalistischen Wirtschaftprogramms den Weg bereiten.[50]

Eine Kommission aus Ingenieuren wurde eingesetzt, um die vorhandenen Institutionen der beruflichen Ausbildung zu überprüfen und Vorschläge zu ihrer Verbesserung zu machen. Es wurde befunden, dass die Escolas de Aprendizes Artífizes nicht für eine industrielle Ausbildung geeignet waren. Zu sehr waren ihre Inhalte noch auf die Handwerke bezogen und auch quantitativ konnten sie den Bedarf der Industrie bei Weitem nicht decken. Auch die beruflichen Anteile an der Primarschulbildung reichten nicht mehr aus, um für eine Arbeit in der sich ständig technologisierenden und spezialisierenden Industrie zu qualifizieren. Es fehlte eine Ebene technischer Fachkräfte über den in den Fabriken angelernten Arbeitern und unterhalb der mit Verwaltungs- und Planungsaufgaben betrauten Ingenieure: Die Ebene der Facharbeiter, deren Berufskonstruktion und -definition und Ausbildungsorganisation in Deutschland die Industrie- und Handelskammern nach dem Muster der Handwerksinnungen übernommen hatten. Auch in Brasilien sollte jetzt in Zusammenarbeit mit der Industrie eine Berufsausbildung geschaffen werden, die deren technischen Anforderungen entsprach, sich aber in die Schulbildung eingliederte. Diese industrielle Ausbildung sollte befreit werden von dem Makel des schlechten Prestiges als Sache der sozial Benachteiligten und wurde deshalb auf der Ebene der schulischen Sekundarbildung angesiedelt. Die gewerbliche Berufsausbildung sollte nicht mehr "Ausgabe" für die Sozialpolitik sein, sondern "Investition" in die Zukunft der Nation.

Diese Zukunftsinvestition verstand sich in zweierlei Hinsicht: Einmal als wirtschaftspolitische Investition, die sich in wachsender Industrialisierung durch die bessere Qualifikation der Arbeiter und damit höheren Einnahmen des Staates und wirtschaftlicher und finanzieller Unabhängigkeit des Landes ausdrücken sollte. Außerdem war die Berufsausbildung, eingefaßt in eine populistische Ideologie, auch Investition in die innenpolitische

123

Zukunft: Sie sollte helfen, die ungebildeten Massen organisationsfähig im Sinne des Staates zu machen, und ihnen so die Loyalität zum Regime abringen. So blieb die Berufsausbildung im Gesetzestext zwar weiterhin den Armen und Benachteiligten gewidmet, dahinter steckte aber nicht mehr wie in der Republik der Gedanke mildtätiger Beschäftigungstherapie, sondern diese Zuweisung paßte sich ein in das nationale Entwicklungsprogramm.

Die Escolas de Aprendizes Artífizes wurden nun nach schon begonnener Verschulung endgültig in das Schulsystem eingegliedert. Die Aufhebung der beruflichen Bildung in die Sekundarstufe war Teil einer "Revolution von oben", die die soziale Lage der Arbeiter verbessern, sie kontrolliert vom Staat organisieren und den Fähigen Zugang zur Bildung verschaffen sollte, um so revolutionären Erhebungen von unten zuvorzukommen.[51]

Nationale Industrie und staatsgelenkte Gewerkschaften sollten sich mit Aus- und Weiterbildungsangeboten für ihre Arbeiter bzw.

Mitglieder und deren Söhne an der Bildung und Ordnung der Massen beteiligen. Die Organisation von beruflichen Ausbildungsangeboten wurde in der Verfassung von 1937 als erste Pflicht von Regierung, Bundesstaaten, Gemeinden, Industrie und Gewerkschaften festgeschrieben. Das Konzept der "Basisqualifikation" bezog sich dabei nicht nur auf technische Fähigkeiten, sondern auch auf eine solide Grundbildung, die stark auf die Nation ausgerichtet war. Portugiesisch, nationale Geschichte, nationale Geographie, Geschichte der nationalen Industrie standen dabei im Vordergrund. Die Bildung sollte bestimmt werden von den moralischen, politischen und wirtschaftlichen Leitsätzen des Staates und die brasilianische Jugend in ein "kompetentes Arbeitsheer" verwandelt werden, "der Nation zum Nutzen".[52]

Im 1942 verabschiedeten Gesetz über die industrielle Bildung wurden schließlich die bereits eingeleiteten Maßnahmen verrechtlicht. Neben den bereits in das Schulwesen eingefügten Escolas de Aprendizes Artífizes sollten weitere Schulen für die industrielle und handwerkliche Ausbildung auf dem Niveau der auf die Hochschulen vorbereitenden humanistischen Gymnasien gegründet werden. Diese Einordnung sollte das gesellschaftliche Ansehen der Abschlüsse erhöhen, sie berechtigten aber vorerst nicht zum freien Besuch der Universitäten. Die unteren Schichten sollten zwar ausgebildet werden, jedoch nicht das Universitätssystem belasten, die Arbeiter sollten zu einer organisierten Schicht geformt werden, jedoch ihre Klasse nicht verlassen. So war es mit einem Abschluss der industriellen Schulen nur möglich, später in ein eng artverwandtes Hochschulstudium überzugehen. Eine starke Spezialisierung während der industriellen Ausbildung sollte vermieden werden, um flexibel auf die Ansprüche der Industrie und die sich verändernden Berufsbilder eingehen zu können. Eine berufliche Ausbildung zu absolvieren hieß demnach nicht einen bestimmten definierten Beruf zu erlernen, sondern Basisqualifikationen zu erwerben, die es möglich machten, eine Anstellung in der Industrie zu finden.

Der Beruf wurde dabei nicht durch Gesetzgebungs- oder kollektive Aushandlungsverfahren festgeschrieben, sondern entstand individuell in der industriellen Tätigkeit. Die handwerklichen Kurse wurden von den industriellen getrennt, wobei das Handwerk später bei der Ausführung quantitativ vernachlässigt wurde. Auch die zunächst eingeführten Meisterkurse wurden von der Industrie kaum akzeptiert. Sie stellten lediglich eine 2jährige Aufbauausbildung nach der Industrielehre dar, die nicht auf wirtschaftlichen Bedarf stieß. Die Industrie war dabei, ihre eigenen Aufstiegsmechanismen zu entwickeln, wobei neben der staatlichen Industrieausbildung vor allem die ebenfalls mit dem Gesetz zur Industrielehre von 1942 eingeführten Lehrlingskurse des SENAI eine zunehmende Bedeutung erlangten.

Der Servico Nacional de Aprendizagem Industrial - Nationaler Dienst für die Industrielehre - sollte die innerbetriebliche Ausbildung institutionalisieren, ohne den Industriebetrieben inhaltliche Vorgaben in bezug auf die technische Ausbildung zu machen. Diese sollten die Ausbildung selbst organisieren und dabei

127

vom Staat unterstützt und überwacht werden. Die betriebsinterne Ausbildung war längst ein wichtiger Stützpfeiler der brasilianischen Berufsausbildung geworden. Mit der Gründung des SENAI erhielt diese Lehre ein organisatorisches Fundament und die staatliche Anerkennung durch Abschlüsse und Diplome, die aber wie die berufsbildenden Sekundarschulen keine festen Berufsbilder schufen.

Der gesellschaftlichen Realität, dass nur die wenigsten Arbeiterkinder überhaupt einen Primarschulabschluss erreichten und damit die staatliche Industrieausbildung in Anspruch nehmen konnten, wurde damit Rechnung getragen. Die Kinder der unteren Schichten waren in der Schulausbildung durch ihre Erziehung im Elternhaus, die nicht auf Karriere ausgelegt war und in der Bildung nur selten einen Wert darstellte, gegenüber den Kindern der Gutsbesitzer und der staatlichen Elite von vornherein benachteiligt. Hinzu kamen ökonomische Nöte der armen Familien, die sie oft zum Schulabbruch und der Aufnahme von Kinderarbeit zwangen. Hier sollten die Kurse des SENAI Abhilfe schaffen, indem sie den Beschäftigten der Industriebetriebe das Recht auf eine begleitende Aus- und Weiterbildung verschafften. Die Unternehmen mussten diese Kurse organisieren und finanzieren, die während der bezahlten Arbeitszeit stattfinden sollten, oder entsprechende Zahlungen an den SENAI leisten, der die Kurse dann in eigens eingerichteten Schulen veranstaltete. Damit war der industrialisierte Süden für diese Ausbildungsform prädestiniert. Vor allem die Kinder der italienischen Einwanderer mit ihrem hohen Arbeits-, Bildungs- und Aufstiegswillen qualifizierten sich hier weiter und bildeten die Grundlage für eine weitere Industrialisierung der Region.[53]

Die gesetzliche Verankerung dieser Ausbildungsform verfolgte also mehrere Ziele: Die Industrieunternehmen und Gewerkschaften hatten wenig Interesse gezeigt, ihrer verfassungsmäßigen Ausbildungspflicht - ausgenommen das rein technische Anlernen in den Betrieben - beizukommen. Durch die gesetzliche Verpflichtung der Unternehmen zur Ausbildung konnten diese gezwungen werden, sich an der Investition in die Berufsausbildung zu beteiligen und so den wirtschaftlichen Fortschritt des Landes voranzutreiben. Durch die Nähe zum Unternehmen konnte nahe an den erforderlichen technischen Qualifikationen ausgebildet werden, ohne mühsam Berufsbilder festlegen zu müssen, in die ständig die neuen Qualifikationen aufgenommen oder neue Berufe geschaffen wurden, wie in Deutschland. Durch die Weisungskompetenz des Erziehungsministeriums über den SENAI erhielt andererseits der Staat Zugriff auf die Erziehung der Kinder der Industriearbeiterschaft, der in der Regel durch die Schule nicht erfolgen konnte. So sollten sich die Hoffnungen einer breiten staatsbürgerlichen Bildung im Sinne der nationalen Ideologie erfüllen.

Um die Erfüllung dieser - zumindest in ihrem allgemeinbildenden Teil - für die Industrie unangenehmen Pflichten zu garantieren, wurde der SENAI als bundesweite Organisation mit einem zentralen und jeweils einem Departement in den Bundesstaaten organisiert, die die Einrichtung der Schulen oder die Abführung eines Geldbetrages an den SENAI zu überwachen hatten. Durch geschickte Personalverhandlungen mit dem brasilianischen Industrieverband sicherte Präsident Vargas persönlich, dass die Schaltstellen im SENAI seiner Ideologie entsprechend besetzt wurden. Die hier sitzenden Funktionäre mussten Techniker und Ingenieure sein und sollten ihr technisches Wissen übertragen auf das Konzept der Basisqualifikation als auch auf die Formung der Arbeiterkinder zu treuen Staatsbürgern.

Die Tradition sollte in diesem doppelten Sinne von der Technik ersetzt werden. In der manuell - technischen Ausbildung sollten die traditionellen handwerklichen Berufsbilder aufgelöst und durch eine technische Grundbildung ersetzt werden, die es der Industrie ermöglichte, selbst nach ihren technischen Ansprüchen eine Spezialisierung zu formen. Der Beruf sollte sich aus der wirtschaftlichen Notwendigkeit ergeben und nicht etwa wie in der Hochschulausbildung der Bachareis einen sozialen Status formen, der auf Fähigkeiten beruhte, die die sich in ihren Qualifikationsanforderungen ständig wandelnde Industrie nicht verwerten konnte. Zu groß war die Angst auch in der technisch - manuellen Ausbildung einen solchen für den nationalen Aufbau "unbrauchbaren" Berufsstand ins Leben zu rufen, dem eine nicht seiner Qualifikation entsprechende, oftmals monotone Arbeit in der Industrie als Erniedrigung erscheinen musste. Vielmehr sollte eine Schicht von grundlegend gebildeten "Anlern - Technikern" geschaffen werden, die sich ohne Standesbedenken in die vorhandene Arbeitswelt einfügte. Die italienischen und japanischen Immigranten wurden in dieser Beziehung als gutes "Ausgangsmaterial" erkannt. Allerdings musste bei ihnen der sprachliche und staatsbürgerliche Unterricht besondere Anstrengungen unternehmen, um sie in die aufstrebende Nation "einzuschweißen".

Auch die allgemeinbildenden Anteile sowohl der SENAI - Schulen als auch der technischen Schulen der Sekundarstufe wurden unter diesen technischen Gesichtspunkten betrachtet. Die Tradition des humanistischen

Bildungsideals war verbunden mit individueller Persönlichkeitsbildung, die in bürgerlicher Kultur, Freizeit und Muße ihren Raum hatte. Dem wurde die technisierte Ideologie einer kollektiven, nationalen Kultur entgegengestellt, die sich hauptsächlich über Zusammenhalt und Arbeit definierte. Der Aufbau des Landes ließ keine Zeit für "Faulheit". Mit Hilfe der Erziehung, als Humantechnik angewandt, sollte das staatstreue "Arbeitsheer" erzeugt werden. Die Meister, sofern sie überhaupt noch die Züge der alten Zunftmeister trugen, wurden als Ausbilder endgültig von in Schul- und Hochschulsystem gebildete Techniker ersetzt, die sich zwar noch "mestre" nannten, aber nicht mehr handwerkliche Tradition und Beruf verkörperten.[54]

Allerdings reichte die staatsbürgerliche Erziehung offensichtlich nicht aus, den Schülern das nötige "Bewußtsein" ihrer Pflichten gegenüber Staat und Nation zu indoktrinieren, oder er wirkte selbst so abschreckend, dass er sich ins Gegenteil verkehrte - jedenfalls blieb das Problem dieser Ausbildung wie bereits bei den früheren Schulgründungen und auch bei den Anlernbestrebungen in den ersten Manufakturen, das Drop-Out, das vorzeitige Verlassen der Bildungseinrichtung durch die Auszubildenden. Auch hier griffen die Humantechniken ein, um das Autoritätsverhältnis von Meister und Lehrling zu ersetzen, das in der zünftischen Ausbildungskonzeption im Verbund mit der Berufsehre die Betriebstreue garantiert hatte: Die Psychologie sollte helfen, Bildungskapazität, Durchhaltevermögen und -willen der Bewerber auf einen Ausbildungsplatz einzuschätzen. Dieser musste sich einer ausgiebigen psychologischen Untersuchung unterziehen, nach deren Ergebnissen über die Aufnahme in die Ausbildung entschieden wurde.[55]

Die Auflösung der Tradition durch Technik zog sich durch alle Bereiche der Konzeption von SENAI und berufsbildender Sekundarstufe. Das in dieser Konzeption eine Meisterausbildung keinen Sinn machte und wie die handwerkliche Ausbildung insgesamt bald vernachlässigt wurde, verwundert nicht. Hingegen entwickelten sich SENAI und industrielle Ausbildung in der Sekundarstufe als prägende Kombination der Berufsausbildung weiter. Auch nach Vargas' Absetzung durch die Militärs und bei wechselnden Regierungen ließ sich dieses Konzept deshalb gut fortsetzen, weil es die Bedürfnisse der Wirtschaft aufnahm und in seiner Ideologie korrespondierte mit einer Gesellschaft, die keinen ausgeprägten Berufsbegriff für die technisch - manuelle Arbeitsebene hatte.

IX. Der Desenvolvimentismo:

Institutionalisierung der Berufsausbildung und informeller Sektor

Nachdem Vargas 1945 liberale Reformen und Wahlen ausrief, kündigte ihm das Militär den 15järigen Bund und zwang ihn zum Abtritt. In den folgenden zwei Jahrzehnten griff es immer wieder in die Politik ein und achtete darauf, dass der Kurs von Vargas unter scheinbar demokratischen Bedingungen fortgesetzt wurde. Charismatische und populistische Präsidenten sollten die industrielle Entwicklung des Landes vorantreiben. Ein besonders ausgeprägtes Beispiel für diesen "Desenvolvimentismo" war der 1956 eingesetzte Präsident Kubitschek, unter dessen Regierung Brasilien 50 Jahre Entwicklungsrückstand in 5 Jahren aufholen sollte. Brasilien sollte Auto- und Luftverkehrsnation werden. Die entlegeneren Landesteile würden so an die industrielle Entwicklung angeschlossen.

Auch der jahrzehntelange Traum von einer zentralen Hauptstadt sollte in dieser Entwicklungsideologie endlich Verwirklichung finden. Brasília wurde buchstäblich aus dem Boden gestampft, um politisches, wirtschaftliches und kulturelles Zentrum des Landes zu werden.

Als politisches Zentrum konnte sich die neue Stadt mit dem Regierungsumzug etablieren, allerdings blieb Rio de Janeiro das Zentrum der Kultur und auch die neuen Straßen und Luftverbindungen ins Landesinnere konnten den Industrieschwerpunkt nicht aus São Paulo verlagern. Man hatte den Mangel an qualifizierten und motivierten Arbeitskräften unterschätzt, der zwangsläufig in einer nahezu siedlungsfreien Region entstand, nachdem das Aufbauprogramm beendet war, das Arbeitskräfte aus dem ganzen Land unter enormem Finanzaufwand zusammengezogen hatte. Im südlichen Küstenstreifen hingegen hatte sich aus italienischen und japanischen Einwanderern in den Fabriken und den Industrieschulen bereits eine Facharbeiterschicht gebildet, die es im Rest des Landes kaum gab.[56]

Die Qualifikationen dieser Industriearbeiter-
schicht rekrutierten sich größtenteils aus der
innerbetrieblichen Ausbildung, die mit der
Gründung des SENAI neue Möglichkeiten zur
Organisation und Diplomierung bekommen
hatte. Es zeigte sich bald, dass die Industrieunternehmen es vorzogen, eine Abgabe an die
Organisation zu entrichten und ihre qualifi-
zierungsbedürftigen Arbeiter in deren Schulen
zu entsenden. Sie entledigten sich so der
mühsamen Organisation der Berufsausbildung innerhalb des Betriebes, allerdings verlor diese dadurch auch ein Stück der Nähe
zum Unternehmen, die jetzt nur noch dadurch gegeben war, dass der Industrieverb-
band wesentlich die technischen Inhalte bestimmte, allerdings wuchs die Gefahr, dass
die Organisation sich bürokratisierte und den
Kontakt zu den Bedürfnissen der Industrie
verlor.

Brasilien hatte sich in der Zeit des Desenvolvimentismo auch kulturell zum Industrieland
entwickelt. Zwar war die Industrieproduktion

bereits vor der Zeit Vargas' relativ groß, schöpfte sich jedoch aus wenigen großen und isolierten Standorten. Jetzt ergriff die Industrialisierung das gesamte Land, das sich immer mehr verstädterte und neue Lebens- und Arbeitsformen hervorbrachte. Viele der auf Subsistenzniveau lebenden armen Bauern machten sich auf in die Städte, um sich in den neuen Betrieben zu verdingen. Sie bildeten dort eine Reservearmee für die Industrie, die zyklisch Arbeitskräfte freisetzte und neue einstellte. Die Migration der Arbeitskräfte konzentrierte sich auf die großen industriellen Ballungsräume, hauptsächlich auf den Süden des Landes, die Region Rio de Janeiro - São Paulo. Hier hofften die meist wenig vorgebildeten Landarbeiter des Nordostens Anstellung in den weniger anspruchsvollen Tätigkeiten der Industrieproduktion zu finden. In diesem Prozeß entstand auch ein riesiger informeller Sektor in Handel und Handwerk. Die Deklassierten schufen sich als Straßenhändler, Elektriker, Autobastler usw. selbst ihren Beruf, ohne von der Steuer erfaßt zu werden und eines der von der Vargas - Regierung eingeführten Arbeitsbücher zu besitzen. Diese Tätigkeit musste auch in Hinsicht auf Qualifikation und Ausbildung informell bleiben. Der SENAI lehrte nur für die industrielle Arbeiterschaft und die technischen Sekundarschulen waren für die ärmeren Schichten kaum erreichbar, bzw. wenn der begabte Sohn eines im informellen Sektor Tätigen diesen Abschluss erreichte, war er prädestiniert dafür, in einem anderen Bereich eine abgesicherte Tätigkeit zu finden.[57]

Handwerk und Handel des informellen Sektors konnten mit sehr niedrigen Preisen einen großen Teil des Marktes für sich gewinnen. Mit dem fehlenden Berufsbild der brasilianischen Gesellschaft für die Handwerke verband sich auch eine fehlende Sensibilität für handwerkliche Qualität. Handwerkliche Arbeiten wurden wie Lebensmittel eingekauft: Dort wo es am billigsten war. Allerdings war der Handel für die staatlichen Stellen leichter zu kontrollieren als die umherziehenden Handwerker und der informelle Sektor konnte sich hier letztlich nur in den Bauchladen - Verkäufern durchsetzen, die Imbiß, Süßigkeiten und Zigaretten feilboten. Abgesehen davon setzte sich der Fiskus in den fest installierten Ladengeschäften leidlich durch. Was allerdings die Ausbildung betraf, blieb der Einzelhandel höchst informell. Zwar wurde 1946 dem SENAI der SENAC als Ausbildungsorgan für die kaufmännischen Berufe zur Seite gestellt, er konnte aber schon aufgrund seiner Struktur wie auch der SENAI nicht den informellen Sektor erreichen und blieb auf die Ausbildung der Angestellten der großen Banken, Versicherungshäuser, Speditionen usw. beschränkt. Auf diesen Sektor richteten sich auch die in dieser Zeit eingerichteten kaufmännischen Kurse an den Sekundarschulen, die parallel zu den technischen Industrieschulen dieses Niveaus ausbildeten. Im Einzelhandel hingegen setzte sich das größte Verkaufstalent durch und auch staatliche Bestimmungen zur Qualifikation in bestimmten Bereichen wurden immer wieder umgangen. So konnte die Pflicht, mindestens einen ausgebildeten Pharmazeuten in jeder Apotheke anzustellen, nicht verhindern, dass Strohmänner in die Geschäftspapiere eingetragen wurden und Ungelernte hinter dem Verkaufstresen standen, die für jedes Leiden Antibiotika "verschrieben", weil die "immer helfen" würden. Auf ähnliche Weise ließen sich auch die Ausbildungsbestimmungen im Lebensmittelbereich umgehen, die aus Sorge um die prekäre Hygienesituation in Verarbeitung und Handel mit Nahrungsmitteln erlassen worden waren.

Noch stärker setzte sich der informelle Sektor in den Handwerken durch. Die selbsternannten Handwerker richteten sich oft in Garagen auf ihren Grundstücken eine Werkstatt ein, die ihre Kundschaft durch Mund - zu - Mund - Propaganda rekrutierte und deshalb für den Fiskus schwer zu erreichen war. Ebenso informell wie der Betrieb des Handwerks gestaltete sich dadurch auch die Ausbildungssituation. Oft erarbeiteten sich die Elektriker, Automechaniker, Maurer usw. ihr Wissen autodidaktisch und gaben es während des Arbeitsprozesses an ihre Mitarbeiter weiter. Sie entwickelten dabei auch kein spezifisches Berufsbewußtsein. Sie spezialisierten sich zwar eher zufällig auf einen bestimmten Hand-

143

werkszweig, dieser wurde aber mehr durch das Vorhandensein oder Nichtvorhandensein geeigneter Werkzeuge begrenzt, als durch eine Ausbildung oder Qualifikation in einem bestimmten Arbeitsbereich. Aufträge, deren Ausführung anhand der äußeren Umstände möglich erschien, wurden unabhängig von Erfahrung und Qualifikation im entsprechenden Arbeitsbereich angenommen und erst anschließend versuchten die Handwerker des informellen Sektors, sich das zur Ausführung notwendige Wissen innerhalb des Arbeits- und Produktionsprozesses anzueignen. Dadurch, dass die im informellen Sektor Tätigen in der Regel nie systematisch handwerkliche und technische Grundkenntnisse erworben hatten, mussten auch den Geschicktesten gravierende Fehler unterlaufen und die Ausführungsqualität generell auf einem niedrigen Niveau bleiben. Auch die fehlende berufliche Spezialisierung wirkte sich in dieser Hinsicht negativ aus. Trotzdem konnten sich die Handwerker des informellen Sektors weitgehend gegen formalisierte Angebote durchsetzen, da sie durch Selbstausbeutung, das

Nichtentrichten von Steuern und Abgaben und nicht zuletzt auch die niedrigen Ausbildungskosten den Preis für ihre Leistungen niedrig halten konnten. Der Kundenkreis für diese Arbeiten war in den unteren sozialen Schichten am größten, die sich kaum eine qualifizierte Ausführung leisten konnten. Aber auch in den gehobenen Schichten griff man gerne auf die billige Arbeit des informellen Sektors zurück. Ein Qualitätsbewußtsein wie es sich in Deutschland an der Facharbeit eines Meisterbetriebes festmachte, konnte in Brasilien mangels der Präsens entsprechender Berufskonzepte im handwerklichen Sektor nicht entstehen.[58]

Die Industrialisierung der brasilianischen Gesellschaft drückte sich weniger in der Entstehung von Industriebetrieben in allen Landesteilen als in der gewaltigen Migration in die Industriezentren aus, allen voran der Raum São Paulo - Rio de Janeiro, gefolgt von den Bundesstaaten Minas Gerais und - bereits abgeschlagen - Pernambuco. Während diese Migration anfangs fast ausschließlich männlich war, begannen jetzt zunehmend die Fa-

milien der Landarbeiter in die Städte nachzu-
ziehen. Die Migranten waren weiterhin größtenteils unverheiratete junge Männer, die relativ unabhängig und mobil waren. Sie waren
nicht eingebunden in die Versorgung einer
selbst gegründeten Familie und überließen
die Pflege der Eltern ab deren Erwerbsunfä-
higkeit meist den zurückgebliebenen weibli-
chen Geschwistern. Diese bildeten auf dem
Land einen informellen Sektor von Wäsche-
rinnen, Näherinnen, Friseurinnen, Hausan-
gestellten, Hutmacherinnen usw. Durch den
Familiennachzug in die Städte verlagerte sich
dieser Sektor aber auch in die urbanen Zentren. Neben der praktischen Erfahrung hatten
die Frauen und Mädchen der Unterschicht
meist keine Ausbildung genossen. Deshalb
verblieben sie auch in den Städten größtenteils im informellen Sektor als Hausmädchen
oder in anderen Dienstleistungen. Durch die
Industrialisierung und die fallenden Preise für
die Industriegüter gab es immer weniger die
Möglichkeit, aus einer häuslichen produkti-
ven Tätigkeit Gewinn zu erzielen. Auch die
früher in informeller Heimarbeit tätigen Korb-

und Hutmacherinnen, Näherinnen, Töpferinnen usw. mussten sich deshalb größtenteils auf den Dienstleistungssektor verlagern. Dieser entwickelte sich zwar auch in den Städten größtenteils als informeller Sektor, allerdings benötigten die entstehenden Hotels, Krankenhäuser und auch industrielle Nähereien die weibliche Arbeitskraft. Die auf die männlichen Jugendlichen ausgerichteten Ausbildungsinstitutionen mussten deshalb beginnen, sich auch auf weibliche Auszubildende einzurichten, was sich in entstehenden Hauswirtschafts- und Krankenpflegekursen in SENAC und Sekundarschule und industriellen Nähereikursen des SENAI ausdrückte. Diese Kurse etablierten sich als weibliche Domänen neben den Ausbildungsgängen für die "klassischen" technisch - mechanischen Tätigkeiten, die immer noch den Männern vorbehalten waren.[59]

Während sich das Netz von SENAI und SENAC ständig vergrößerte, sah sich das Konzept der Industrieschulen der Sekundarstufe großen Problemen gegenübergestellt. Nur wenige Kinder aus der Industriearbeiterschaft erreichten diese höheren Schulen und die oberen Schichten waren stark auf die Universitätsausbildung fixiert, so dass nur wenige Schüler die Aufnahme in die Industrieschulen suchten und noch weniger diese auch beendeten. Auch die unteren Schichten suchten im Rahmen ihrer beschränkten Möglichkeiten einen Platz an den Universitäten zu erlangen. Das Konzept des Berufs schien in seiner auf die Hochschulen bezogenen Form besonders auf die sozial Privilegierten aber auch auf die wenigen aus der Unterschicht Aufsteigenden eine große Anziehungskraft auszuüben. Beruf bedeutete hier aber weniger Lebensaufgabe und Qualifikation für praktische Tätigkeiten als gesellschaftliches Prestige aufgrund einer diplomierten beruflichen Spezialisierung.

Um die Industrieschulen der Sekundarstufe attraktiver zu machen wurde deshalb 1961 mit der neuen Schulgesetzgebung der Übergang von diesen Schulen in jeden beliebigen Hochschulstudiengang ermöglicht. Die geringe Akzeptanz dieser Ausbildung hatte über die Jahre seit ihrer Schaffung hinweg bereits zu mehreren dieser Maßnahmen geführt, die das System durchlässiger und damit attraktiver machen sollten. So war 1954 der Übergang von der technischen Ausbildung in die auf die Hochschulen vorbereitenden Gymnasien ermöglicht worden. Später war es den Schülern unter bestimmten Voraussetzungen auch möglich geworden, sich mit einer abgeschlossenen Ausbildung von SENAI oder SENAC in den beruflichen Kursen der Oberstufe zu immatrikulieren. Diese Übergänge konnten geschaffen werden, weil in diesem Bereich keine festen Berufsbilder existierten. Dadurch wurde die Immatrikulation in einem neuen Kurs zu einer Um- oder Weiterbildung, die positiv als Zeichen der Qualifikation und gesellschaftlichen Mobilität gewertet werden konnte und nicht zu einem Berufswechsel wurde, mit dem zwangsläufig eine vorangehende Fehlqualifikation hätte identifiziert werden müssen.[60]

Trotzdem blieben die Schülerzahlen der technischen Sekundarschulen unter dem von den Ingenieuren berechneten Bedarf der Industrie. Diese Ingenieure nahmen durch die unter Vargas begonnene und unter den folgenden

Präsidenten weitergeführte Technisierung der Politik eine zunehmend wachsende Stellung in der Gesellschaft ein. Sie standen hinter den charismatischen Politikern und trafen viele der politischen Entscheidungen als technische Berater. Hier änderte sich die Berufskonzeption der politischen Elite. Sie blieb zwar weiterhin auf die Hochschulausbildung fixiert, nahm aber die technischen Elemente auf und ließ neben ihrem Beruf als politischen Führern, der sich aus dem Jurastudium speiste, den Beruf des politischen Beraters entstehen, der aus der Ausbildung als Ingenieur, Mathematiker, Psychologe oder Soziologe hervorging. Durch die Aufnahme der Humantechniken in diese Position zeigte sich bereits, dass es hier nicht unbedingt darum ging, die wissenschaftlich sinnvollste Variante einer Problemlösung zu finden, sondern es sollten von den Naturwissenschaftlern lediglich technische Notwendigkeiten und Machbarkeiten vorgestellt werden. Unter diesen konnte dann unter Berücksichtigung der aus der Anwendung der jeweiligen Strategie entstehenden Verschiebung der Machtsituation ausgewählt werden. Bei dieser Auswahl standen der politischen Führungselite Soziologen, Psychologen, Politikwissenschaftler und Meinungsforscher zur Seite. Die politischen Entscheidungen wurden also immer weniger aus traditionellen Vorgaben, als vielmehr aus technischen Überlegungen heraus getroffen. So bildete sich auch ein neues Berufsbild des akademischen Technikers, der maßgebend die politischen Entscheidungen beeinflußte. Das höhere gesellschaftliche Prestige genossen zwar weiterhin die im Vordergrund der Öffentlichkeit stehenden Juristen und traditionell immer noch die Mediziner. Trotzdem verschob sich mit dem quantitativen Ausbau auch die Qualität der technisch - akademischen Berufe. Sie bestimmten auch und besonders die Leitungsebene der technischen Sekundarschulen und der Schulen des SENAI und SENAC.

Durch die Zurücknahme der national - protektionistischen Ideologie Vargas' konnte sich auch im Bereich der Ausbildung eine Zusammenarbeit mit Staat und Wirtschaft fortgeschrittenerer Industrienationen durchsetzen. Die brasilianischen Techniker brauchten Anregungen für die Weiterentwicklung der Ausbildungsinstitutionen. Hier entstand ein enger Kontakt mit den USA, der sich bereits 1946 initiierte mit der Gründung der CBAI (Comissão Brasileiro - Americana de Educação Industrial) - der Brasilianisch - amerikanischen Kommission für industrielle Bildung und Erziehung. Kurz nach der Gründung der CBAI und einem Vorbereitungskurs in Brasilien reisten die Rektoren der technischen Sekundarschulen zu einem Lehrgang an das Pennsylvania State College, wo sie sich über die neusten Techniken zur Organisation von Ausbildung, Curriculumgestaltung, Lehrmethoden, Überwachung der Lehrerfolge usw. informierten. Infolge wurden immer wieder Gruppen von Lehrenden der brasilianischen Industrieschulen auf solche Ausbildungsseminare geschickt. Sie sollten sich über die in den Industrieländern vorhandenen Techniken informieren und diese modifizieren und übertragen auf die Situation der brasilianischen Ausbildung. In einem von der Technik und dem Willen zur Industrialisierung bestimmten politischen System konnte man nicht auf solche Impulse von außen verzichten. Man befürchtete, den Anschluß an die Industrienationen völlig zu verlieren, die Dominanz der Technik verlangte eine ständige Zerstörung des Alten und Wiederaufbau auf höherem Niveau, sollte das Land nicht zurückfallen in traditionelle Herrschafts- und Wirtschaftsformen, die die Konsuminteressen der Bevölkerung nicht mehr befriedigen konnten.[61]

X. Militärdiktatur:

Der Versuch der Entakademisierung des Berufsbegriffs

Die enormen Investitionen unter der Präsidentschaft Kubitscheks, die sich auf eine ebenso große staatliche Schuldenaufnahme gründeten, hatten Brasilien ein schweres Erbe hinterlassen. Viele der Migranten fanden in den Städten nicht das erhoffte Einkommen und mussten sich in den wachsenden Favelas, den urbanen Elendssiedlungen niederlassen. Radikale Bewegungen drohten die Kontrolle des Staates zu erschüttern. 1964 übernahm deshalb das Militär, das die staatliche Souveränität über die letzten Jahrzehnte hinweg überwacht hatte, mit einem Putsch die Macht. Die Wirtschaftspolitik des Desenvolvimentismo sollte im Wesentlichen weitergeführt werden unter einem autoritären Regime, das die öffentliche und soziale Ordnung mit repressiven Mitteln aufrecht erhielt. Dabei sollte auch das Bildungssystem wieder stärker in eine staatsbürgerliche Erziehung einbezogen werden, die in den Schulen, SENAI und SENAC stattfinden sollte.

Die Bildungspolitik der Militärdiktatur zeichnete sich durch ein starkes Mißtrauen gegenüber der Ausbildung an den Universitäten aus. Diese wurden identifiziert als Hort revolutionärer Ideen und gesellschaftlicher Verantwortungslosigkeit. Deshalb wurden sozialwissenschaftliche und philosophische Fächer stark eingeschränkt und in ihren Inhalten überwacht. Die technische Ausbildung der Universitäten sollte auf bestimmte Arbeitsgebiete, etwa Telekommunikation, Maschinenbau oder Industriemechanik ausgerichtet werden und unmittelbar auf eine Tätigkeit in der Industrie vorbereiten. Deshalb wurde die anglo - amerikanische Trennung in ein Bachelor- und ein Master - Studium als Organisationsmodell für die brasilianischen Hochschulen übernommen. Im Bachelor-Studium - der "graduação" - fand die Ausbildung für eine Tätigkeit in den Wirtschaftsunternehmen statt und nur eine kleine über

156

staatliche Förderprogramme ausgewählte Elite sollte sich im wissenschaftlichen "mestrado" für die Forschung an den Universitäten und Instituten weiterbilden. Mit dem Abschluss des Studiums nach der verschulten graduação sollte der Großteil der Studenten dem universitären Milieu mit seinen Diskussionszirkeln, über die sich politische Strömungen entwickeln und verstärken konnten, entzogen werden. Die studentischen Unruhen, die Ende der 60er Jahre auch Brasilien erfaßten, schürten die Angst, dass die Universitäten die Studenten in einem unkontrollierten Studium zu Berufsrevolutionären statt zu Berufstechnikern ausbildeten.[62]

Im Zuge dieser Umformung der Bildungsinstitutionen wurden auch Kurzausbildungsgänge für Ingenieure an einigen beruflichen Sekundarschulen eingerichtet. Hier sollten außerhalb der Universität innerhalb von 3 Jahren Ingenieure für die Industrie ausgebildet werden. Diese Kurzlehrgänge verfolgten zwei Ziele: Einerseits sollte die wirtschaftliche Entwicklung schnell mit geringen staatlichen Kosten stimuliert werden, indem Ingenieure für die Organisation und Leitung industrieller Arbeitsbereiche bereitgestellt wurden. Außerdem sollten diese Ingenieure aus bereits genannten Gründen vom universitären Milieu ferngehalten werden. Die Militärs hatten zur Kenntnis nehmen müssen, dass es ihnen nicht gelungen war, die Universität zu befrieden. Dazu hätte es eines Austauschs des gesamten Dozentenkorpus bedurft, der vielfach mit marxistischen Ideen sympathisierte. Zwar wurden viele Wissenschaftler zur Immigration getrieben oder mit polizeilicher Verfolgung mundtot gemacht und die Studentenorganisationen verboten, es gelang aber keine Gleichschaltung der Hochschulen mit den staatlichen Interessen. Deshalb sollte die berufliche Ausbildung weitgehend aus den Hochschulen heraus verlagert werden und die Sekundarschulen, die leichter der staatlichen Politik zu unterwerfen waren sollten vermehrt berufliche Abschlüsse verteilen. Der Berufsverband der Ingenieure, der Conselho Federal de Engenharia, Arquitetura e Agronomia, wehrte sich vehement gegen die Aufnahme der in den Kurzlehrgängen ausgebildeten Ingenieure. Mit ihrer weniger auf die wissenschaftliche als vielmehr auf die praktische Arbeit in der Industrie oder eine Lehrtätigkeit in den beruflichen Schulen ausgerichteten Ausbildung entsprachen sie bereits nicht mehr dem akademischen Berufskonzept der universitär ausgebildeten Elite. Ihre Aufnahme in den Berufsverband musste von der Militärregierung juristisch erzwungen werden.[63]

Die aus den gewerblichen Ausbildungsgängen der "Escolas Técnicas", der technischen Sekundarschulen, in Verbindung mit den Kurzlehrgängen für Industrieingenieure entstehenden "Centros Federais de Educação Tecnológica" entfernten sich mit der Aufnahme dieser höheren Ausbildung noch weiter vom handwerklich - technischen Berufskonzept der Zünfte, das sich bei ihrer Konzeption als Escolas de Aprendizes Artífizes noch im Verhältnis von Meister und Lehrling und der Ausrichtung auf praktische Anleitung und Lernen im Arbeitsprozeß widergespiegelt hatte. Auch die von den französischen Ecoles d′ apprentissage übernommene Konzeption als polytechnische Schule für die arbeitenden

Klassen wurde damit aufgelöst und die Centros Federais de Educação Tecnológica entwickelten sich eher in die Richtung der deutschen Fachhochschulen, ohne allerdings deren gesellschaftlichen Status als höhere Bildungsanstalt zu erreichen.

Die Sekundarschulen sollten zum Kernstück der beruflichen Bildung Brasiliens werden. So wurden 1970 alle öffentlichen Schulen dieser Stufe verpflichtet, für den Beruf auszubilden. Hier verstand sich Beruf (profissão) auch als manuelle Tätigkeit. Die gewerbliche Berufsausbildung wurde erstmals konsequent unter diesen Begriff gefaßt, im offiziellen Sprachgebrauch setzte sich die Bezeichnung "ensino profissionalizante" oder "cursos profissionalizantes" für die beruflichen Kurse der Sekundarschulen durch.

Dies war möglich, weil die Militärs weniger von der Geringschätzung für manuelle Arbeit eingenommen waren, als die vorherigen politischen Machteliten. Wie bereits beschrieben, hatte es in den Handwerkerkompanien der Armee immer gewerbliche Berufsausbildung gegeben, die die Herstellung der für die Streitkräfte notwendigen Produkte absichern und sie damit weniger anfällig für wirtschaftliche Krisen machen sollte. Hinzu kam die Abneigung der neuen Machthaber gegenüber der Universität, die ihre Vormachtstellung auf den Begriff und den gesellschaftlichen Status der "formação profissional" verlieren sollte.[64]

Die Berufsausbildung der Sekundarschulen umfaßte deshalb bald sehr unterschiedliche Ausbildungsniveaus. Alle öffentlichen Schulen sollten mit ihrem Abschluss eine berufliche Ausbildung vermitteln, die die Absolventen befähigte, ohne anschließendes universitäres Studium eine Tätigkeit in der Wirtschaft zu finden. Die "Centros Federais de Educação Tecnológica" mit ihren Ingenieurstudiengängen und die "Escolas Técnicas" mit ihrer gewachsenen gewerblichen Berufsausbildung konnten diese Anforderungen erfüllen. Alle anderen öffentlichen Sekundarschulen waren mit einem solchen staatlichen Auftrag allerdings vor größere Probleme gestellt. Das Bildungsministerium der Militärregierung legte 130 technische Fähigkeiten fest, die nach regionalem wirtschaftlichen Bedarf gelehrt werden und zu verschiedenen beruflichen Abschlüssen führen sollten. Damit waren die auf die Vorbereitung zu einem Universitätsstudium ausgerichteten Schulen meist aus mehreren Gründen überfordert.[65]

Die Lehrer waren auf diese Art des Unterrichts nicht vorbereitet und eine Rekrutierung von neuem Lehrpersonal war aufgrund des mangelnden Interesses der Absolventen der technischen Studiengänge der Universitäten am Lehrerberuf kaum möglich. Außerdem war das Interesse der Schüler an der beruflichen Ausbildung gering. Sie besuchten die Sekundarschulen als Etappe auf dem Weg zu einem prestigeträchtigen akademische Beruf und nicht als Endstation ihrer beruflichen Bildung. Die Sekundarschulbildung blieb deshalb - außer denjenigen Escolas Técnicas und Centros Federais de Educação Tecnológica, die sich durch ein hohes fachliches Niveau als Ausbildungsstätten der technischen Leitungsebene der Industrie etablieren konnten - Durchgangsetappe zur universitären Bildung. Eine gewerbliche Berufsausbildung auf Facharbeiterniveau fand deshalb in den Sekundarschulen kaum statt. Auf dieser Ebene blieb weiterhin der SENAI wichtigste Bildungsinstitution.[66]

Durch die finanzielle Unterstützung der Wirtschaft durch die Militärregierung, die Gründung großer Staatsbetriebe und die Bereitstellung von Infrastruktur, weniger in Form von Bildungsangeboten als vielmehr durch den Ausbau von Straßen, Luftwegen und Produktionsstandorten erlebte die brasilianische Wirtschaft in den 70er Jahren einen großen Aufschwung. Das System des SENAI bewährte sich bei der Ausbildung von Industriearbeitern. Mit dem Wirtschaftswachstum wuchs auch die Zahl und Größe dessen Ausbildungsstätten, denn jeder Industriebetrieb musste jetzt ein Prozent der Lohnsumme seiner ausgebildeten Arbeiter an den SENAI abführen oder für eine entsprechende eigene innerbetriebliche Ausbildung sorgen. So vergrößerte sich das Institutionennetz besonders im Süden Brasiliens, wo auch die meisten der neuen Industriebetriebe konzentriert waren, rasch. Hier fanden die Unternehmen in den

Nachfahren der italienischen, japanischen und deutschen Einwanderer gut vorgebildete Arbeiter mit einer hohen Akzeptanz für manuelle Tätigkeiten und einer hohen Arbeitsmoral, die rege die Ausbildungs- und Fortbildungsmöglichkeiten des SENAI nutzten. Allerdings forderte diese Industrialisierung auch ihren Tribut. Die gesellschaftlichen Verlierer waren die wenig gebildeten Schichten, die keinen Eingang in eine Tätigkeit in den Industriebetrieben fanden. Die Industriearbeiter hatten ein Einkommen, das zwar nicht mit dem eines Facharbeiters in Deutschland zu dieser Zeit vergleichbar war, aber das Überleben der Familie absicherte. Hingegen wuchs die Masse der Beschäftigungslosen, die von keinem Sozialsystem aufgefangen und statt dessen an die Stadtränder verdrängt wurden, wo sie in Elend dahinvegetierten. Diese Schichten waren ständig davon bedroht, sich zu asozialisieren und jeder Form der Bildung und politischen Organisation unzugänglich zu werden. Die Militärdiktatur "löste" dieses Problem mit der Militarisierung von Polizei und Gesellschaft. Die teilweise von Geschäftsleuten, Ladenbesitzern und Regionalpolitikern bezahlten Todesschwadronen ermordeten - von den Militärs geduldet oder unterstützt - Bettler und Straßenkinder, die nicht in das Bild des wirtschaftlich aufstrebenden Brasiliens passen wollten.[67]

Zu dieser sozialen Kluft kamen die großen regionalen Entwicklungsunterschiede, die Industrialisierung konzentrierte sich auf den Süden, während der Nordosten des Landes weitgehend durch die Monokulturen Zuckerrohr und Baumwolle geprägt und das Amazonasgebiet im Norden sowie viele Regionen im Westen kaum erschlossen waren. In diesen Gebieten konnte das System von SENAI und SENAC nicht funktionieren, denn nach der inneren Logik dieser Organisationen gab es dort, wo keine oder nur wenige Industriebetriebe existierten auch keine gewerbliche Berufsausbildung. Im Rahmen eines breit angelegten Entwicklungsprogramms sollte die regionale Spaltung überwunden werden. Straßen und Flughäfen wurden in entlegene Gebiete gebaut und steuerliche Anreize für Industriebetriebe und qualifizierte Arbeiter ge-

165

schaffen, sich in diesen Gebieten anzusiedeln. Für die nötige Qualifikation der ansässigen Bevölkerung und zur Weiterbildung der bereits angelernten Industriearbeiter wurden mobile Einheiten des SENAI geschaffen, die in strukturschwachen Gebieten Starthilfe für die Berufsausbildung der Arbeiterschaft geben sollten, bis sich Industriebetriebe und feste SENAI - Strukturen entwickelt haben würden. Dann sollte die mobile Einheit in die nächste unterentwickelte Region verlegt werden bis - im idealtypischen Modell der Militärs - das ganze Land industrialisiert sein würde und auch in allen Landesteilen gleichmäßig von der Wirtschaft finanzierte Ausbildungseinrichtungen des Typs SENAI bzw. SENAC für die gewerbliche Berufsausbildung bereitstehen würden.[68]

Diese Politik konnte die Strukturunterschiede des Landes nicht beseitigen. Zwar schuf sie ein enormes Industriegebiet im Amazonas um die mit Steuervorteilen begünstigte Stadt Manaus, in den anderen Landesteilen aber blieben die Landwirtschaft und der informelle Sektor bestimmend für die regionale Wirtschaft. Zwar wurde versucht, Einheiten des SENAI und SENAC in den strukturschwachen Gebieten anzusiedeln, ihnen fehlten aber dort die Ziel- und Hilfestellung der regionalen Wirtschaft. Oft wanderten die Arbeitskräfte, die sich in diesen Regionen qualifiziert hatten, auch nach ihrer Ausbildung ab in den Süden des Landes.

Die regionalen Strukturunterschiede stellten auch die Sekundarschulen, die jetzt die berufliche Ausbildung aufnehmen sollten, vor unterschiedliche Probleme. Die Schulen in den reichen Wohnvierteln São Paulos hatten bspw. ihre Schüler fast ausschließlich auf den Universitätsbesuch vorbereitet und diese zeigten an der "Verberuflichung" ihrer Schulausbildung kein Interesse oder empfanden sie als Abwertung und Zeitverschwendung. In den peripheren Stadtvierteln, die zumeist von der Unterschicht bewohnt wurden, erlebten die Schüler den berufsbezogenen Unterricht oft als lebensnaher denn die allgemeinbildenden Unterrichtsanteile. Allerdings mussten sie die Schulen meist im Nachtzyklus besuchen, während sie tagsüber bereits in der Industrie arbeiteten. Trotzdem war in den ersten Jahren nach 1971 die Motivation der Schüler hoch, an den Sekundarschulen eine berufliche Qualifikation und vor allem die Möglichkeit eines Studiums an der Universität zu erhalten.

Doch bald stellte sich heraus, dass die "verberuflichten" Sekundarschulen in den ärmeren Gegenden nicht genügend auf die Eingangsprüfung - das "Vestibular" - der Universitäten vorbereiteten. Die technischen Inhalte der Ausbildung waren hier kaum gefragt und die Absolventen der Sekundarschulen in den reicheren Gegenden, die den Schwerpunkt ihres Unterrichts weiter auf die traditionellen allgemeinbildenden Fächer legten, waren denen der Schulen, die die berufliche Ausbildung stärker in ihr Curriculum aufnahmen, bei diesen Tests weit überlegen. Das lag natürlich nicht nur an der neuen beruflichen Ausrichtung der Schulen, sondern die Schüler in den reichen Stadtvierteln brachten aus dem familiären Umfeld bereits eine höhere Allgemeinbildung mit in die Ausbildung, ein Vorsprung der bei den großen sozialen Unterschieden in den brasilianischen Städten durch eine Schule kaum mehr zu kompensieren war. Auch entstanden private Vorbereitungskurse, die das Bestehen der Eingangsprüfungen trainierten, die sich aber die Schüler aus den ärmeren Schichten in der Regel nicht leisten konnten. Diese mussten bald erkennen, dass sich die Mühen der Schule für sie kaum ausgezahlt hatten: Die Universitätsbildung blieb ihnen weitgehend verschlossen und die erworbene technische Qualifikation verhalf ihnen nur selten zu einem Aufstieg in den Industriebetrieben, die eher der von ihnen organisierten praxisnäheren Ausbildung des SENAI vertrauten.[69]

So wurde der Abschluss der Sekundarschule durch die Aufnahme der beruflichen Ausbildung gesellschaftlich abgewertet - denn nicht mehr der Abschluss der Sekundarschule an sich garantierte die Aufnahme in die Universitäten, sondern die Fähigkeit, das Vestibular zu bestehen - und die gewerbliche Berufsausbildung konnte durch ihre Aufnahme in den Bereich der höheren Bildung kaum aufgewertet werden. Dies ließ sich auch nicht mehr rückgängig machen, als die - politisch immer nur halbherzig durchgesetzte - Verpflichtung der Sekundarschulen zur beruflichen Ausbildung Anfang der 80er Jahre des 20. Jahrhunderts zurückgenommen wurde. Eines allerdings hatte die Militärregierung in ihrer Bildungspolitik bewirkt: Dass die gewerbliche Berufsausbildung ins öffentliche Bewußtsein gerückt war. Auch gewerbliche Tätigkeiten fanden jetzt Eingang in die Klassifikation als "formação profissional". In der pädagogischen Fachdiskussion an den Universitäten, in Zeitschriften und Zeitungen stand dieser Begriff jetzt für die gewerbliche Berufsausbildung. Assoziativ blieb er allerdings für große Teile der brasilianischen Bevölkerung mit der Universitätsausbildung verknüpft.

Die an den technischen Sekundarschulen und im SENAI ausgebildeten Facharbeiter nannten sich deshalb meist "Técnicos" und nicht "Profissionais". Nur wenige dieser Técnicos hatten die Möglichkeit, sich mit einem eigenen Unternehmen selbständig zu machen. Meist verblieben sie in den Industriebetrieben. Wenn sie kleine Unternehmen oder

Handwerksbetriebe gründeten, standen sie mit ihrer Qualifikation als Técnico für die Qualität des Betriebes, waren aber in Wirklichkeit meist eher Verwalter des Unternehmens und lernten ihre eigenen Beschäftigten informell an. Sobald sich durch eine ausreichende Umsatzhöhe die Gelegenheit bot, entflohen die Betriebsgründer selbst der manuellen Arbeit, lernten die erste Generation der Arbeiter an und widmeten sich im Folgenden der Administration des Betriebes. Ein Großteil der kleineren Produktionsunternehmen und Handwerksbetriebe verblieb deshalb im informellen Sektor, zumindest was die Ausbildung ihrer Mitarbeiter betraf.[70]

XI. Ausblick

Nach dem Fall der Militärdiktatur ab 1984 begann eine umfassende Diskussion über eine Reform der Sekundarschulen. Sie sollten wiederum eingebunden werden in die Berufsausbildung und nicht mehr nur Durchgangsstation sein auf dem Weg zur Universitätsausbildung. Sie sollten berufliches Wissen vermitteln, das direkt auf den Arbeitsmarkt vorbereitete. Eine umfangreiche Basisqualifikation sollte zum Mittel werden zur individuellen Berufsfindung und -kreation im Angesicht von Arbeitslosigkeit und "Globalisierung". Dabei wurde Basisqualifikation nicht mehr nur als fachliche Grundqualifikation verstanden, die das Erlernen verschiedener technischer Berufe in der Praxis ermöglichte, wie es das Konzept der Vargasregierung vorsah. Vielmehr wurden berufliche Konzepte aus der Wirtschaft aufgenommen. Die Basisqualifikation sollte nicht allgemeingültige fachliche Qualifikationen lehren, sondern sie

173

sollte die Schüler vor allem befähigen, sich eigenständig neue Qualifikationen zu erarbeiten. Teamwork, Flexibilität am Arbeitsplatz und bei der Arbeitsplatzsuche und soziale Kompetenz im Umgang mit Arbeitskollegen und Vorgesetzten sollten in der Berufsausbildung gelernt werden, das "treinamento profissional" sollte zu einer wirklichen "formação" werden, einer Bildung der Persönlichkeit für das Arbeitsleben.[71]

Ob dieses Konzept in einer beruflichen Ausbildung der Sekundarschulen aufgehen oder sich in einer polytechnischen Konzeption der Schulen mit nachgestellter beruflicher Ausbildung niederschlagen wird, läßt sich noch nicht abschätzen. Ebensowenig kann hier ein Gegenkonzept für die gewerbliche Berufsausbildung Brasiliens entworfen werden. Die gesellschaftlichen und konzeptionellen Grundlagen, die der Entwicklung des brasilianischen Berufsbildungssystems zugrunde liegen und die auch bei einer Neukonzeption werden Beachtung finden müssen, konnten allerdings analysiert werden. Die tiefe Verwurzelung des Berufsbegriffs in der akademi-

schen Ausbildung und deren hohe gesellschaftliche Bewertung im Gegensatz zur Ausbildung für manuelle Tätigkeiten macht es
unwahrscheinlich, dass sich eine Berufsausbildung in der Sekundarstufe installieren
läßt. Die traditionelle Funktion dieser Schulen als Vorbereitungsanstalten auf die Universität wird ihre Absolventen immer wieder
zur prestigereichen akademischen Ausbildung
führen. Die Probleme, die sich aus der regionalen Spaltung Brasiliens für eine solche
Ausbildung ergeben, konnten bereits ange-
deutet werden.[72]

Es bleibt deshalb zu vermuten, dass der SE-
NAI und die ihm entsprechenden Ausbil-
dungsorganisationen für die nicht industrielle
Berufsausbildung die tragende Säule der brasilianischen Berufsausbildung bleiben werden. Im Laufe seiner Entwicklung wurde sein
Organisationsmodell von fast allen lateiname-
rikanischen Ländern übernommen und hat
sich größtenteils bewährt. Wie bereits gezeigt
kann das Handwerk allerdings kaum von der
Qualifikation des SENAI profitieren und hier
wird es wohl am längsten dauern, bis sich

wieder handwerkliche Berufskonzepte herausbilden, wenn nicht der handwerkliche Bereich vollständig im informellen Sektor verbleibt. Dieser Bereich ist nur von speziellen Projekten bildungspolitisch zu erreichen, auf die hier nicht eingegangen werden konnte. Allerdings wird sich die brasilianische Bildungspolitik auch diesem Wirtschaftssektor, der große Teile des Handwerks und des Handels einnimmt zuwenden müssen, wenn sie eine umfassende Berufsausbildung installieren will. In jedem Fall wird das koloniale Erbe mit seiner Abwertung manueller Arbeit und der regionalen und sozialen Zersplitterung des Landes noch lange Zeit Einfluß auf die Entwicklung der brasilianischen Berufsausbildung ausüben.

Literatur

Antonil:
Cultura e Opulencia do Brasil por suas dro-
gas e minas (Kultur und Reichtum Brasiliens
anhand seiner Pflanzungen und Bergwerke,
port.), Paris 1968

Associação Brasileira de Ensino de Engenharia:
Formação do engenheiro industrial (Die Ausbildung des Industrieingenieurs, port.), São
Paulo 1982

Barbato Carneiro, Maria Angela:
O SENAI no Contexto educacional Brasileiro
(Der SENAI im brasilianischen Bildungskon-
text, port.), São Paulo 1983

Barbosa Franco, Maria Laura Puglisi:
Ensino médio: Desafios e reflexões (Sekundarschule: Provokationen und Überlegungen,
port.), Campinas 1994

Barreto Fontes, Lauro:
Formação profissional & produtividade do desempenho humano (Berufsausbildung und Produktivität der menschlichen Leistung, port.), Rio de Janeiro 1985

Brandão Lopes, Juarez Rubens:
Desenvolvimento e mudança social: formação da sociedade urbano-industrial no Brasil (Entwicklung und soziale Veränderung: Die Entstehung der städtisch - industriellen Gesellschaft in Brasilien, port.), São Paulo 1970

Canstatt, Oskar:
Das republikanische Brasilien, Leipzig 1899

Carneiro, J. Fernando:
Imigração e colonisação no Brasil (Immigration und Kolonisation in Brasilien, port.), Rio de Janeiro 1950

Colbari, Antonia:
Familismo e Ética do Trabalho, O Legado dos Imigrantes Italianos para a Cultura rasileira

(Familiarität und Arbeitsethik, Das Vermächt-
nis der italienischen Immigranten für die
brasilianische Kultur, port.), in: Revista Brasileira de História (Brasilianisches Zeitschrift
für Geschichte, port.), Nr.34, 1997

Cunha, Luiz Antônio:
A universidade temporã (Die verspätete Universität, port.), Rio de Janeiro 1980

Cunha, Luiz Antônio:
Educação e desenvolvimento social no Brasil
(Bildung und Erziehung und soziale Entwick-
lung in Brasilien, port.), Rio de Janeiro 1983,
S 240ff

Cunha, Luiz Antônio:
Educação, estado e democracia no Brasil (Bildung und Erziehung und Demokratie in Brasilien, port.), São Paulo 1995

Diehl, Manfred:
Probleme beim Transfer des Dualen Systems
in Länder der Dritten Welt, in: Die berufsbildende Schule, Nr. 45, 1993

Eschwege, Wilhelm Ludwig von:

Journal von Brasilien oder vermischte Nachrichten aus Brasilien auf wissenschaftlichen Reisen gesammelt, Weimar 1818

Faria Goes Filho, Joaquim:

O trabalho de engenheiros e técnicos na industria e a sua formação (Die Arbeit der Ingenieure und Techniker in der Industrie und ihre Ausbildung, port.), Rio de Janeiro 1963-1964

Fiechter, Georges-André:

O regime modernizador do Brasil 1964/1972 (Das Regime der Modernisierung in Brasilien 1964-1972, port.), Rio de Janeiro 1974

Fischlowitz, Estanislau:

A formação profissional (Die Berufsausbildung, port.), São Paulo 1966

Freitag, Barbara:

Die brasilianische Bildungspolitik, München 1975

180

Freyre, Gilberto:
Casa Grande e Senzala (Herrenhaus und
Sklavenhütte, port.), Recife 1992

Freyre, Gilberto:
Ordem e Progresso (Ordnung und Fortschritt,
port.), Lissabon 1969

Funke, Alfred:
Deutsche Siedlung über See, Halle/Saale
1902

Ghiraldelli Júnior, Paulo:
História da Educação (Geschichte der Bildung, port.), São Paulo 1992

Gonçalves Pereira Lima, João:
Relatório apresentado ao Presidente da Republica dos Estados unidos do Brasil pelo
Ministro de Estado da Agricultura, Indústria e
Commercio (Dem Präsidenten der Republik
der Vereinigten Staaten von Brasilien vorge-
legter Bericht des Staatsministers für Landwirtschaft, Industrie und Handel, port.), Rio

de Janreiro 1918

Handelmann, Heinrich:
Geschichte von Brasilien, Berlin 1860

Harney, Klaus, Schriewer, Jürgen:
Beruflichkeit versus "culture technique", Zu
einer Sozigenese arbeitsbezogener Semantik
in Deutschland und Frankreich, Research
Papers der Abteilung Vergleichende Erzie-
hungswissenschaft der Humboldt-Universität
Berlin, Nr. 5, 1997

Hell, Jürgen:
Sklavenmanufaktur und Sklavenemanzipati-
on in Brasilien 1500-1888, Berlin Ost 1986

Humboldt, Alexander von:
Lateinamerika am Vorabend der Unabhängig-
keitsrevolution (Zusammenstellung aus
Humboldts Reisetagebüchern), Berlin Ost
1982

Kundt, Walther:
Brasilien, Berlin 1903

182

Lafargue, Paul:

Das Recht auf Faulheit, Frankfurt/Main 1966

Lauterbach, Uwe:

Internationales Handbuch der Berufsbildung, Baden-Baden 1996

Lege, Karl-Wilhelm:

Personalmanagement in Brasilien, in: Handbuch des internationalen Personalmanagements, München 1998, S. 373-387

Lenhart, Volker:

Vocational Training for the informal Sector: a Typology, in: Education, Volume 55/56, 1997

Levine, Robert M.:

Father of the Poor? Vargas and his era, Cambridge 1998

Linhares, Maria Yedda (Hrsg.):

História geral do Brasil (Allgemeine Geschichte Brasiliens, port.), Rio de Janeiro 1996

Lohmar-Kuhnle, Conrad:

Konzepte zur beschäftigungsorientierten Aus-
und Fortbildung von Zielgruppen aus dem informellen Sektor, Köln 1991

Loureiro Lopes, José:

Educação de adultos no Brasil (Erwachse-
nenbildung in Brasilien, port.), João Pessoa
1985

Medeiros, Marluce:

Expansão Capitalista e ensino industrial (Ex-
pansion des Kapitalismus und industrielle
Ausbildung, port.), Rio de Janeiro 1979

Metzger, Claus:

Die gewerblich - technische Berufsausbildung
im Bundesstaat São Paulo (Brasilien) im Vergleich zur Bundesrepublik Deutschland, Vil-
lingen-Schwenningen 1986

Mickwitz, Gunnar:

Die Kartellfunktionen der Zünfte, Hesingfors
1936

Ministério do Trabalho:
Educação profissional: O debate das Com-
petências (Berufsausbildung: Die Diskussion
der Kompetenzen, port.), Brasília 1997

Moura Castro, Claudio de:
Educação brasileira (Das brasilianische Bildungssystem, port.), Rio de Janeiro 1994

Münch, Ernst:
Geschichte von Brasilien, Dresden 1829

Nagle, Jorge:
Educação e Sociedade na Primeira Republica
(Bildung und Gesellschaft in der ersten Re-
publik, port.), São Paulo 1976

Namo de Mello, Guiomar:
As novas diretrizes para o ensino médio (Die
neuen Richtlinien für den Sekundarschulun-
terricht, port.), São Paulo 1998

Niskier, Arnaldo:
Educação brasileira: 500 anos de história,
1500-2000 (Bildung und Erziehung in Brasi-
185

lien: 500 Jahre Geschichte, port.), São Paulo
1989

Peres de Brito, Ricamar:
Sistema educacional brasileiro (Das brasilianische Bildungssystem, port.), São Paulo
1983

Piletti, Claudino, Piletti, Nelson:
Filosofia e história da educação (Philosophie
und Geschichte der Bildung, port.), São Paulo
1980

Piletti, Nelson:
Historia da educação no Brasil (Geschichte
der Erziehung und Bildung in Brasilien,
port.), São Paulo 1995

Plantamura, Vitangelo:
Formação profissional e Compreensão do
Mundo, Um Estudo da Questão do Trabalho
no Senac (Berufliche Ausbildung und Um-
weltverständnis, Eine Studie zur Frage der
Arbeit im Senac, port.), Manaus 1995

Prejon, Moysés:

Recursos humanos, ensino técnico e desenvolvimento (Humankapital, technischer Unterricht und Entwicklung, port.), São Paulo
1968

Santos Ribeiro, Maria Luisa: História da educação brasileira (Geschichte der brasilianischen Bildung, port.), Campinas 1995

Schelsky, Helmut:
Auf der Suche nach Wirklichkeit, Düsseldorf,
Köln 1965

Schmidel von Straubing, Ulrich:
Reise von 1534 bis 1554 in America oder
Neuewelt bei Brasilia oder Rio della Plata ge-
tan, München o.J.

Schwartzman, Limon:
Tempos de Capanema (Die Zeit Capanemas,
port.), in: Arquivo Histórico, São Paulo 1991

Seminário Nacional de Política e Planejamento
de Recursos Humanos:

187

Formação profissional & desenvolvimento econômico e social (Berufsausbildung und wirtschaftliche und soziale Entwicklung, port.), Rio de Janeiro 1978

SENAI:
Pesquisa de mercado de trabalho : necessidade de treinamento e aprendizagem (Arbeitsmarktforschung: Die Notwendigkeit von Ausbildung und Lehre, port.), Recife 1971

Senna, Nelson de:
Die Bedeutung deutscher Kultur und deutscher Arbeit in Brasilien, Würzburg 1933

Spix, Johann Baptist von, Martius, Carl Friedrich Philipp von:
Reise in Brasilien, München 1823-28

Suckow da Fonseca, Celso:
História do Ensino Industrial no Brasil (Geschichte der industriellen Ausbildung in Brasilien, port.), Rio de Janeiro 1986

Vieira do Nascimento, Oswaldo:

O ensino industrial no Brasil (Die industrielle Ausbildung in Brasilien, port.), Rio de Janeiro 1986

Weber, Max:
Wirtschaft und Gesellschaft, Tübingen 1980

Werneck Sodré, Nelson u.a.:
História Nova do Brasil (Neue Geschichte Brasiliens, port.), São Paulo 1993

Westphal, Louis Roberto:
Humankapital und Berufsausbildung in Brasilien, Frankfurt am Main 1993

Zentralverband deutscher Industrieller:
Reiseberichte über Brasilien, Berlin 1905

Zweig, Stefan:
Brasilien. Ein Land der Zukunft, Stockholm 1941

Fußnoten

[1] Diehl 1993, S. 92-98; Westphal 1993

[2] Suckow da Fonseca 1986

[3] Harney, Schriewer 1997; Fischlowitz 1966, S. 68-73

[4] Freyre 1992

[5] Zweig 1941, S. 16

[6] Freyre 1992, S. LXIX; Senna 1933

[7] Werneck Sodré u.a. 1993

[8] Suckow da Fonseca 1986, Bd. 1, S. 33f, 41ff; Freyre 1992, S. 212, 219ff; Mickwitz 1936, S. 9, 16

[9] Freyre 1992, S. 240

[10] Münch 1829, S. 26ff; Hell 1986, S. 28ff

[11] Freyre 1992

[12] Hell 1986, S. 48; Freyre 1992, S. 39f

[13] Schmidel von Straubing o.J., S. 34ff

[14] Hell 1986, S. 49

[15] Freyre 1992, S. 40f; Zweig 1941, S. 92ff

[16] Humboldt 1982, S. 142ff

[17] Schwach formalisiert soll hier heißen, dass es zwar ein fest institutionalisiertes Lehrer - Schüler - Verhältnis gab, gesetzliche Regelungen, gesellschaftliche Zielsetzungen an die Ausbildung, Benutzung von Curricula und definierte Bildungsabschlüsse aber fehlten.

[18] Freyre 1992, S. 145ff; Metzger 1986, S. 16ff

[19] Suckow da Fonseca 1986, Bd. 1, S. 75ff

[20] Antonil 1968, S. 86ff

[21] Cunha 1980, S. 12f

[22] Freyre 1992, S. 289f, 240; Weber 1980, S. 228ff

[23] Suckow da Fonseca 1986, Bd. 1, S. 45-56

[24] Handelmann 1860, S. 580ff; Zweig 1941, S. 85ff; Spix, Martius 1823-28, S. 365

[25] Hell 1986, S.140ff

[26] Zweig 1941, S. 260-62; Suckow da Fonseca 1986, Bd. 1, S. 80-86; Antonil 1968, S. 343ff

[27] Spix, Martius 1823-28, S. 634

[28] Barbato Carneiro 1983, S. 30f; Suckow da Fonseca 1986, Bd. 1, S. 86-91

[29] Freitag 1975, S. 20ff´; Freyre 1992, S. 144ff

[30] Barbato Carneiro 1950, S. 39ff

[31] Hell 1986, S.156-59; Spix, Martius 1823-28, S. 99, 132f, 229ff, 425; Zweig 1941, S. 155; Eschwege 1818, S. 232f, 241

[32] Suckow da Fonseca 1986, Bd. 1, S. 101ff; Freitag 1975, S. 23ff

[33] Suckow da Fonseca 1986, Bd. 1, S. 94ff, 117ff

[34] Spix, Martius 1823-28, S. 99; Suckow da Fonseca 1986, Bd. 1, S. 105f

[35] Zweig 1941, S. 260-62; Spix, Martius 1823-28, S. 100, 132f; Harney, Schriewer 1997, S. 9ff

[36] Suckow da Fonseca 1986, Bd. 1, S. 135ff; Antonil 1968, S. 289ff; Funke 1902, S.60

[37] Cunha 1980, S.49ff, 90ff; Niskier 1989, S. 150ff; Suckow da Fonseca 1986, Bd. 1, S. 140ff; Vieira do Nascimento 1986, S.12

[38] Colbari 1997, S. 53-74; Hell 1986, S. 183-93, 205-239; Zentralverband deutscher Industrieller 1905, Bd.2, S. 15

[39] Suckow da Fonseca 1986, Bd. 1, S. 147-61; Freitag 1975, S. 28; Kundt 1903, S.20ff

[40] Freyre 1969, Bd.1, S.313f

[41] Cunha 1980, S.94ff; Freyre 1969, Bd.2, S 49ff

[42] Nagle 1976, S. 97ff; Freitag 1975, S. 32ff; Cunha 1980, S.158

[43] Suckow da Fonseca 1986, Bd. 1, S. 169ff; Piletti 1995, S. 55ff; Harney, Schriewer 1997, S. 33

[44] Freyre 1969, Bd.2, S.130ff; Funke 1902, S.67; Nagle 1976, S. 163ff

[45] Suckow da Fonseca 1986, Bd. 1, S. 177ff; Barbato Carneiro 1983, S. 44ff; Canstatt 1899, S. 194ff

[46] Colbari 1997, S. 71f; Suckow da Fonseca 1986, Bd. 1, S. 190; Harney, Schriewer 1997, S. 14

[47] Gonçalves Pereira Lima 1918, S. 371 ff

[48] Suckow da Fonseca 1986, Bd. 1, S. 190ff; Bd. 2, S. 122ff

[49] Linhares 1996, S. 256ff

[50] Levine 1998, S. 23ff, 59ff; Freitag 1975, S. 47ff; Doria 1994, S. 91ff

[51] Suckow da Fonseca 1986, Bd. 1, S. 233ff; Schwartzman 1991, S. 93ff, 85ff; Linhares 1996, S. 290ff

[52] So der Minister des erstmals geschaffenen Bildungsministeriums Capanema in einer Festrede zum 100. Jahrestag der Gründung des "Colégio Pedro II" 1937, zitiert nach Freitag 1975, S. 47

[53] Suckow da Fonseca 1986, Bd. 2, S. 12ff; Freitag 1975, S. 48; Niskier 1989, S. 286f

[54] Faulheit im Sinne intellektuellen Müßiggangs vgl. Lafargue 1966

[55] Vieira do Nascimento 1986, S. 25ff; Schelsky 1965, S. 160ff, 238ff; Suckow da Fonseca 1986, Bd. 2, S. 14ff

[56] Freitag 1975, S. 54ff; Linhares 1996, S. 269ff; Levine 1998, S. 88ff

[57] Brandão Lopes 1970, S.50ff; Suckow da Fonseca 1986, Bd. 2, S. 25ff; Vieira do Nascimento 1986, S. 33ff

[58] Lenhart 1997, S. 26ff; Plantamura 1995, S. 39ff

[59] Brandão Lopes 1970, S.37ff; Lohmar-Kuhnle 1991

[60] Freitag 1975, S. 67ff; Peres de Brito, 1983, S.75ff; Piletti 1980, S. 222ff

[61] Suckow da Fonseca 1986, Bd. 3, S. 102ff

[62] Ghiraldelli Júnior 1992, S. 170ff; Linhares 1996, S. 305ff

[63] Vieira do Nascimento 1986, S. 41f; Ghiraldelli Júnior 1992, S. 175ff

[64] Vieira do Nascimento 1986, S. 18f; Fiechter 1974, S. 53ff

[65] Barbosa Franco 1994, S. 23ff

[66] Ghiraldelli Júnior 1992, S. 182

[67] Linhares 1996, S. 321ff

[68] Vieira do Nascimento 1986, S. 35ff

[69] Santos Ribeiro1995, S. 187ff

[70] Moura Castro 1994, S. 133ff

[71] Ministério do Trabalho 1997; Namo de Mello 1998, S. 11ff

[72] Barbosa Franco 1994, S. 19ff